KB114286

꺾이지 않는 마음

꺾이지 않는 마음

정석원 지음

글로세움

흔들리고 넘어져도
다시 일어나자

삶을 획기적으로 바꾸는 방법은 어디에 있는가? 수많은 사람들이 자신의 인생을 구원할 방법을 찾아 이리저리 헤매고 있다. '이렇게 하면 성공한다', '저렇게 하면 삶이 바뀐다'는 등 성공에 대한 이야기들이 넘쳐나고, '나도 할 수 있다'는 기대를 갖고 그 비법을 찾아 그대로 따라해 보지만, 자신의 팍팍한 삶은 변하지 않는다.

모두가 더 나은 삶을 꿈꾸며 이리저리 시행착오를 겪다 보면 한 가지 사실을 깨닫게 된다. 삶을 바꾸는 방법은 거창한 데 있는 것이 아닌, 자신이 세운 목표나 생각한 바에 따라 한 걸음 한 걸음 나아가는 것에 있다는 것을 말이다.

그런데 그 한 걸음씩 나아가는 길이 결코 만만치가 않다. 더 나은 삶을 위해 앞이 보이지 않는 인생길을 걸어 나가지만 자꾸만 넘어지고 깨지는 자신을 발견하게 된다. 결국 나는 안 되는 것인가? 하며 주저앉고 싶은 마음이 든다. 하지만 다시 일어나 걷지 않으면 내일의 더 나은 삶을 기대할 수 없기에 우리는 다시 일어나 걸어야만 한다.

삶의 길에서 넘어질 때마다 우리를 다시 걷게 하는 힘은 무엇일까? 그것은 바로 '꺾이지 않는 마음'이다. '꺾이지 않는 마음'이란 더 나은 삶을 살 수 있다는 자신에 대한 믿음에서 비롯된다. 이 믿음이 있는 한 우리는 어떤 역경이라도 뚫고 나갈 수 있으며 마침내 우리가 원하는 삶을 살아 낼 수 있을 것이다.

'꺾이지 않는 마음'에 힘이 되는 지혜, 삶에서 미처 깨닫지 못했던 지혜, 당연하게 여겼지만 당연하지 않은 특별한 지혜를 이 책에 담아 보았다.

당신은 지금 삶의 길 위에 넘어져 있는가? 당신을 일으켜 세울 바로 그 지혜의 여정에 초대장을 보낸다.

목차

머리말 흔들리고 넘어져도 다시 일어나자

포기하지 않는 ──────── 마음

자신에 대한 ──────── 믿음

위기의 ———— 극복

세상을 향한 ———— 도전

기회의 ——————— 마중물

역량 ——————— 강화

원만한 ——— 인간관계

삶의 ——— 태도

그래도
한다

원하는 바를
이루어내는 방법

누구나 아는 '이 산이 아닌가벼?' 하는 우스갯소리가 있다.

한 장군이 지친 병사들을 이끌고 고지에 오른다.

"어, 이 산이 아닌가벼?"

정상에 선 그가 자신을 믿고 힘겹게 따라온 병사들에게 던진 말이다. 그 한마디에 수많은 병사가 목덜미를 잡고 쓰러진다.

그리고 고지를 내려와 다른 고지에 겨우겨우 기어 올라간다. 그런데 장군 왈 "어라, 아까 그 산이 맞나벼?"

단순한 우스갯소리로 넘기기에는 우리네 삶을 너무나 잘 반영한

유머라고도 할 수 있다.

우리는 살아가는 동안 수많은 시행착오를 겪는다. '내가 그 선택을 하지 않았더라면' 후회하기도 하고, 정작 내가 원하던 위치에 도달했음에도 불구하고 '길을 잘못 왔구나' 하며 좌절하기도 한다. 열심히 인생이라는 산을 오르내리지만, 매번 '이 산이 아닌가벼?'를 외치는 상황인 셈이다.

명확한 목표를 세우고 이를 위해 하나씩 준비하고 이루라, 자신만의 북극성을 밝히고 길을 가라는 등 목표를 달성하기 위한 조언들은 많다. 우리는 나름대로 소망과 목표를 세워 길을 떠나지만, 순간 원하는 곳에 도달하는 게 결코 쉽지 않다는 사실을 깨닫게 된다. 바른 길로 가고 있는가? 스스로에게 질문을 던지며 다른 길을 탐색해 보지만 막다른 길에 부딪히곤 한다.

'A가 되고 싶다'면서 시간과 노력을 쏟아부어 일정 수준에 오르게 되거나 아니면 원하는 목표에 결코 도달하지 못했을 때 깨닫게 된다. 아, 내가 설정한 목표 A가 나에게 맞지 않았다는, 소위 '올라와 보니 이 산이 아닌가벼' 하는 상황이 발생하게 된 것이다.

목표 A가 내게 맞지 않다는 판단이 섰으니 힘들지만 평소 생각하던 목표 B를 향해 전진하게 된다. 갖은 고생을 하며 목표 B를 향해 가다가 다시금 깨닫게 된다. '목표 B도 나에게 안 맞네' 하며 또다시 '이 산도 아닌가벼?'를 외치게 된다. 이 순간 우리는 목표 C를 찾아가야 하나 아니면 목표 A에 다시 도전해야 하나 고민에 빠지게 된다. '아까 그 산이 맞나벼?' 하는 상황에 처하게 되는 것이다.

나에게 맞는 일이나 마음을 다할 목표를 한 번에 찾는 것은 불가능한 일이다. 물론 일찌감치 자신이 나아갈 길이나 목표를 찾아가는 축복 받은 사람들도 있지만, 대부분이 '나에게 맞는 일은 무엇일까?', '내가 가야 할 길은 무엇일까?' 고민하며 사는 것이 일반적인 것 같다. 목표를 이루는 특별한 방법이 없으니 일단 계속 경험해 봐야 나에게 맞는지 아닌지, 맞지 않더라도 계속해 보는 수밖에 어쩔 도리가 없다. '이 산이 아닐지라도' 그래도 내가 현재 처한 상황에서 할 수 있는 일을 꾸준히 해나갈 수밖에 없는 게 우리네 인생인 것이다. 그래도 다행인 점은 계속 산을 오르락내리락하다 보면 요령이 생기게 된다는 것이다.

이번에는 산을 잘못 올랐다 할지라도 다음번 산에 오르는 일은 보다 쉬워질 수 있다. 일단 하나의 산에 오르게 되면 여러 가지 경험과 능력이 축적되게 된다. 이 축적된 힘으로 힘들더라도 계속 길을 가다 보면 결국 내가 원하는, 내게 적합한 길을 찾게 될 것이다. 그때는 내가 원하던 바를 이루어내고야 마는 '아 이제 이 산이 맞나벼!' 하고 외칠 수 있게 될 것이다.

> 단단히 마음먹고 떠난 사람들은
> 모두 산꼭대기에 도착할 수 있다.
> 산은 올라가는 사람에게만 정복된다.
>
> _셰익스피어

평범함의
위력

성공의 문을
통과하는 방법

　　새로운 것을 배우거나 시도하면서 우리는 늘 금방 배울 수 있거나 결과가 빨리 나오는 방법을 찾아 여기저기 기웃거리곤 한다. 주변에서 흔히 볼 수 있는 '○○일 완성 다이어트', '공무원 단기 합격 강의' 등이 지식 습득 과정을 찾아 헤매는 현대인을 위한 초고속 해결책으로서의 맞춤 상품이라 하겠다.

　　이러한 단기속성 과정은 일정 수준에 오른 이들에게는 그동안 공부한 것을 콤팩트하게 정리하는 기회가 된다는 점에서는 유용할 것 같기도 하다. 하지만 대부분이 우리의 주머니 사정을 궁핍하게 만들고, 시간만 잡아먹은 채 별다른 결과를 도출해 내지 못하고 있다는 점이 현실이라 하겠다.

빨리 성공하는 것이 어렵다는 사실은 알고 있지만, 누구든 빨리 성공하고 싶어 하고 이를 마다할 사람은 없다.

종종 성공했다는 중소기업 대표들을 만날 때가 있는데, '도대체 어떻게 성공하셨어요?' 하고 물어보게 된다. 그들은 '그냥 운이 좋았다', '이리저리 좌충우돌하다 보니 현재의 자리에 와 있더라'라는 평범한 대답이 대부분이다. 그들은 사업을 시작하거나 한 분야에서 열심히 노력했고 어찌어찌 버텨왔는데 어느 날 갑자기 주위에서 성공했다고 이야기하는 상황이 벌어졌다는 것이다.

처음에는 '아, 정말 치사하게 비법이라고 감추네'라는 생각이 들었다. 하지만 계속하여 비슷한 얘기를 듣다 보니 문득 정말 자신이 어떻게 성공했는지 모르는 것이 아닐까 하는 생각이 들었다.

요즘은 분야의 고수라며 자신이 경지에 오르게 된 비결을 유튜브를 통해 강의하거나 출판을 통해 '자신만의 비법'을 알려주기도 한다. 들을 때는 '아! 이렇게 하면 되겠구나' 생각하고 실제 실행해 보면 그대로 되지 않거나, 무언가 어색하게 느껴지는 경우가 많다.

그러다 보니 소위 성공했다는 고수들도 자신이 왜, 어떻게 성공했는지 정확하게 모르는 것이 아닐까 하는 의구심이 든다. 그러니까 성공한 유명 인사들도 자신만의 성공 노하우가 있다기보다는 꾸준히 자신의 분야에서 배우고 정진하다 보니 어느 순간 주위의 인정을 받게 된 건 아닐까 하는 것이다.

그런데 주위에서 성공했다고 펌프질(?)을 해대니 강의나 유튜브를 통해 '나는 이렇게 성공했다' 이야기를 하는 것 같다. 하지만 그들도 정작 돌아서서는 '내가 어떻게 성공했지? 나는 그냥 하던 것을 계속했을 뿐인데…' 하고 머리를 긁적이는 상상이 되기도 한다.

대부분은 자신에게 주어진 일을 하루하루 열심히 하면서 산다. 그러다 문득 '나는 지금 뭘 하고 있는 거지? 하는 생각이 들 때도 있다.

남에게 뒤처지지 않기 위해 열심히 살아왔는데 소기의 성과가 나오지 않을 때도 있다. 그렇다고 절대 자신에게 실망하지 마라.

사회학자 대니얼 챔블리스는 수영선수들을 대상으로 한 광범위한 분석을 통해 '최고의 성과는 배우거나 우연히 알게 된 수십 개의 작은 기술이나 활동이 합쳐진 결과'라는 결론을 내리고, '평범함의 위력'이라는 용어를 만들었다. 즉, 우리가 하고 있는 여러 가지 활동들이 별 효과가 없고 쓸데없어 보일지라도 이들이 쌓이고 누적되고 서로 연결되면 결국 어느 지점에서 만나게 되어 성공이라는 문을 통과하게 하는 힘이 생기게 된다는 것이다.

그렇게 된다면 우리도 주위에서 성공한 사람이라고 추앙받는 모습을 상상할 수 있지 않을까?

지금은 눈에 보이는 성과가 나오지 않는다고 할지라도 자신을 믿고 조금씩 꾸준히 나아가 보자. 그러다 보면 자신은 모를지라도 주위에서 먼저 본인의 변화된 모습을 알고 다가올 것이기 때문이다.

이 세상에 위대한 사람은 없다.
단지 평범한 사람들이 일어나 맞서는
위대한 도전이 있을 뿐이다.
_윌리엄 프레데릭 홀시

안되면 되는 것만
한다

더 나은
선택을 하는 방법

     대한민국 특전사의 핵심가치로 알려진 '안 되면 되게 하라!'는 말이 있다. 실행의 중요성과 의지를 강조한 말로써 군대뿐만이 아니라 회사에서도 많이 인용하는 구호로도 유명하다.

     요즘엔 이에 반박하는 말로 '안 되면 되는 것만 한다!'라는 말도 유행하고 있는 것 같다.

     '안 되는 것은 없다! 당신에게는 무한한 잠재력이 있다!'

     '포기하지 마라! 어떠한 역경과 장애물도 당신을 굴복시킬 수 없다!'

     많은 이들이 이렇게 포기하지 말고 목표를 향해 묵묵히 걸어갈 것을 주문하고 있다. 물론 모든 말씀이 다 맞다.

살아가다 보니 간혹 해도 해도 안 되는 경우가 생기곤 한다. '안 되면 되게 하라'라는 굳은 의지를 가지고 누구에게도 뒤지지 않을 정도로 노력하고 도전하지만, '결국 안 되잖아?' 하는 경우가 비일비재하다는 것이다. 이런 경우 '안 되는 것 말고 되는 것에 집중해 보자'라는 것을 진지하게 고민할 필요가 있을 것 같다.

예를 들어, 고시에 합격하지 못해 전전긍긍하는 고시생이 있다고 하자. 그는 다른 과목에는 약하지만, 행정법에는 강하고 아는 바를 잘 전달해 준다는 평이 있다. 또 그가 고시를 준비하는 이유로 '높은 관직에 올라 유명해지고 싶다'는 것이라고 가정해 보자. 그에게 '안 되면 되게 한다'와 '안 되면 되는 것만 한다'는 예시를 어떻게 적용할 수 있을까?

우선 '안 되면 되게 한다'의 경우다. 그가 여러 번 시험에서 떨어지더라도 계속 도전하다 보니 결국 합격하는 상황이 생길 수 있다. 하지만 합격의 기쁨을 논함과 동시에 오랜 시간 고시에만 매달리다 보니 그가 선택할 수 있었던 또 다른 기회를 놓치게 되었을지도 모른다. 그동안 지나온 과정을 반추해 볼 때 무엇이 더 나은 선택이었는지 판단할 수 없는 상황이 발생할 수도 있다는 것이다.

다음은 '안 되면 되는 것만 한다'의 경우이다.

이는 해당 고시생이 자신의 약한 부분을 보완하여 고시를 준비하는 대신 자신이 잘하는 행정법 분야에서 남들에게 인정받는 '가르치는 능력'을 활용하여 다른 분야에 도전하는 것이다. 그가 학원가의 강사가 되어 나중에 행정법 스타강사가 되는 경우를 생각해 볼 수도 있다. 물론 이 경우 그의 삶의 방향이 바뀌겠지만 자신의 목표인 '유명해지고 싶다'를 달성할 수 있을지도 모른다.

'안 되면 되는 것만 한다'는 개념은 목표를 향해 나아가다 벽에 부딪혔을 경우 목표를 포기하거나 다른 목표를 찾아가라는 것이 결코 아니다. 목표를 향해 나아가는 길은 한 가지가 아닌 다양한 방식이 존재한다. 현재 자신이 벽에 부딪혀 있다고 생각한다면, 기존의 사고에서 벗어나 나의 궁극적인 목적이나 목표를 재점검할 필요가 있다는 것이다. 그리고 내가 할 수 있는 것, 일이 되는 방향으로 집중하는 것이 '안 되면 되는 것만 한다'의 진정한 의미가 아닐까 싶다.

나무에 올라 물고기를 얻으려고 한다는 뜻의 '연목구어(緣木求魚)'라는 사자성어가 있다. 이는 목적과 수단이 맞지 않아 불가능한 일을 군이 하려고 한다는 뜻이기도 하다. 사자성어의 내용을 조금 비틀어 본다면 물고기(목표)를 잡는 데는 여러 가지 방법이 있을 수 있다. 하지만 우리는 군이 나무 위에 올라가 물고기를 잡겠다며 '안 되면 되게 하라'는 헛된 구호만 외치고 있는지도 모른다.

이 사실을 깨달았다면, 물고기를 잡기 위해 내가 잘하는 것은 무엇일까를 다시 고민할 필요가 있다. 안 되면 되는 것만 한다는 신념으로 목표를 향해 나아간다면 궁극적으로 내가 원했던 것을 얻을 수 있을 것이다.

> 각자 자신의 능력, 이해력, 성향에 따라
> 길을 가도록 하라. 그렇게 가다 보면
> 자연스럽게 그 길에 있는
> 진정한 스승을 만나게 될 것이다.
> _스와미 시바난다

인생의
점 찍어보기

길을 찾는
방법

살아가다 보면 길을 잃고 방황할 때가 있다. 갑자기 회사 생활에 번아웃이 와서 무턱대고 퇴사했는데 지금부터 무엇을 해야 할지 막막할 때, 졸업했는데 취직이 안 되어 어찌할지 모를 때, 몇 년 동안 준비한 시험에 떨어지고 포기해야 하나 고민하면서 방황할 때 등 다양하다. 분명 목표가 있었고 이를 달성하기 위해 달려왔는데, 그 목표가 사라지거나 실패한 경우 '앞으로 어떻게 해야 하지?' 하는 걱정과 고민을 하게 된다.

인생의 길을 잃었을 때의 해결책으로 '올바른 방향을 지시하는 나침반을 확보하라'는 말이 있다. 자신의 내면을 파고들어 진정 원하는 것이 무엇인가를 파악하는 등 일련의 과정을 통해 자신만의 북극성을 찾고, 그 길을 따라가라는 것이다.

그런데 길을 잃어버린 느낌이라는 것은 '도대체 어떤 목표를 세워야 하지?', '나만의 북극성은 도대체 어디에 있는 것이지?' 하는 또 다른 고민으로 이어지게 된다. 이도 저도 못 하는 상황에서 더 큰 좌절에 빠지게 되는 경우가 허다하다. 한마디로 '도대체 어쩌라고?' 하는 상황으로 정리할 수 있겠다.

다음은 스탠퍼드 대학에서 스티브 잡스가 연설한 '점들의 연결 (Connecting the dots)'에 관한 내용이다.

"여러분, 앞을 보면서 점을 이을 수는 없습니다. 오직 과거를 뒤돌아볼 수 있을 때, 비로소 점들을 연결할 수 있습니다. 그러므로 현재라는 모든 점이 당신의 미래와 어떻게든 이어지리라는 것을 믿어야만 합니다. 본능, 운명, 삶, 업보 등 그게 무엇이든 이 점들이 연결되어 결국 하나의 길을 만들게 될 것임을 믿는다면, 여러분은 마음이 움직이는 대로 따르는 것에 자신감을 가지게 될 것입니다."

그의 이야기를 살짝 변형시켜 적용하면 '인생의 길을 잃었을 때 현재 조금이나마 내가 할 수 있는 것을 함으로써 내 인생에 하나의 점을 찍어보는 것이다. 지금은 아무것도 보이지 않고 기반이 없을지라도 내가 할 수 있는 것을 하나씩 함으로써 미래로 이어질 점들에 대한 출발점을 하나씩 찍는 것이다.

지금 인생에 찍는 점들이 어떻게 미래로 이어질지는 누구도 알지 못한다. 그렇지만 앞이 하나도 안 보이는 막막한 현실에서 방향을 설정하는 한 방법이 아닐까 한다.

산다는 것은 꼭 갈 길을 정해야 하는 것이 아니라, 이렇게 저렇게 해보다가 문득 가는 방향이 정해지는 것 같다. 뚜벅뚜벅 길을 가다가 잠깐 고개를 들어 주위를 둘러보거나 뒤돌아보았을 때 '이런 길을 걸어왔구나' 하고 깨닫게 되듯이.

이 길이 내 길인 줄 아는 게 아니라
그냥 길이 그냥 거기 있으니까 가는 거야.
원래부터 내 길이 있는 게 아니라
가다 보면 어찌어찌 내 길이 되는 거야.
_장기하와 얼굴들〈그건 니 생각이고〉

기다림의
미학

세상에 결국
알려지는 방법

　　목표를 이루기 위해 혼신의 힘을 다해 노력하지만, 결국 사회의 인정을 받지 못하고 쓸쓸하게 실패하는 경우가 많다. 우리 주위에는 능력이나 인품이 뛰어남에도 불구하고 기회를 얻지 못하거나 운대가 맞지 않아 좌절하는 이들이 부지기수다. 우리 중에도 이미 충분한 능력을 갖추었음에도 본인이 뜻한 바를 펼치지 못해 괴로워하는 경우도 있을 것이다.

　　'한 번만 더해 보자' 하고 의욕적으로 도전해 보지만 결과는 실패의 연속이다. 시간만 낭비했나?, 여기서 멈춰야 할까? 등 오만 가지 생각이 든다. 이른 나이에, 한두 번의 시도로 남들이 우러러보는 능력자들의 이야기가 곧잘 오르내리건만 '나는 도대체 뭐지?' 하는 자괴감이 몰려오는 것이다.

　낭중지추(囊中之錐)가 있다. 북송(北宋)의 위태(魏泰)가 지은《동헌필록(東軒筆錄)》에 나오는 주머니 속의 송곳이라는 뜻으로, 재능이 뛰어나거나 능력이 출중한 사람은 숨어 있어도 저절로 드러나 알려진다는 의미다.

　옛날 중국 장산에 점을 잘 치는 사람이 있었다. 그는 하선고라는 신을 불러내어 점을 쳤는데, 그 점괘가 잘 맞아 모든 이에게 인기가 많았다. 같은 동네에 이(李)라는 사람이 있었다. 그는 품행이 단정하고 문장도 능해 신망이 두터웠지만, 불행히도 과거만 봤다 하면 떨어지곤 했다. 어느 날 이(李)를 안타깝게 여긴 이웃들이 하선고를 불러 그 이유를 물었다.
　"이(李)는 인품도 훌륭하고 문장도 좋은데, 시험만 보면 꼭 떨어지니 왜 그럴까요?"
　"그래요? 참 이상하네요?"
　하선고는 이(李)가 쓴 글을 읽었다.
　"훌륭해. 분명히 장원 급제가 확실한데… 제가 한번 확인해 보겠습니다."
　잠시 후 하선고가 돌아와 이야기했다.

"제가 알아보니 시험관 책임자는 바빠서 채점을 아랫사람에게 맡기고 있었습니다. 그런데 아랫사람 중에는 똑똑한 자가 없어 이(李)가 아무리 좋은 글을 써도 못 알아보고 있는 상황입니다. 아마 이(李)는 계속 시험에 떨어지게 될지도 모릅니다."

안타까운 마음에 이웃이 다시 물었다.

"그럼 도대체 이(李)는 어떻게 해야 할까요?"

하선고가 답한다.

"별 방법은 없습니다. 포대 속에 송곳을 넣어 두면 언젠가는 그 끝자락이 포대를 뚫고 나오듯이, 훌륭한 사람은 운이 나빠서 밑바닥에 눌려있어도 언젠가는 반드시 세상에 알려지는 법이랍니다. 그러니 한두 번의 실패에 낙심하지 말고 앞으로도 쉬지 말고 학문을 닦아 쓴 글을 여러 사람에게 보이도록 하세요. 그러면 반드시 이(李)의 진정한 가치가 드러나게 될 것입니다."

하선고의 말을 전해 들은 이(李)는 낙심하지 않고 정진하여 자신의 문장을 계속해서 세상에 내보였고 결국 뛰어난 인물로 인정을 받아 과거시험에서 장원으로 합격하게 되었다.

우리는 성공을 위해 없는 시간을 쪼개가면서 정진하고 있다. 내 글을 알아봐 주기 바라면서 머리를 짜내어 글을 쓰지만, 현실은 잡블로거로 전락한다. 내게 차별화된 능력이 있다고 믿고 여러 공모전에

도전해 보지만, 다 떨어지고 남은 것은 수험표 뭉치뿐이다. '나는 꼭 될 것이다!' 하면서 끈질기게 도전하고 있지만, 기다림의 끝은 보이지 않는다.

빠르게 성공했다는 능력자들의 이야기는 좀 과장해서 1%도 안 된다. 결국 그 1%를 제외하고 성공했다는 사람들 대부분은 하염없이 때를 기다리며 포기하지 않고 세상의 문을 두드린 사람들이라는 생각이 든다.

현재 상황에서 우리가 할 수 있는 것은 고작 때를 기다리고, 그러면서 내가 할 수 있는 최선을 다해보는 것뿐이다. 물론 도전한다고 해도 원하는 결과가 안 나오는 슬픈 현실과 마주해야 하는 우려도 분명히 있다. 하지만 자신이 언젠가 세상이라는 포대를 뚫고 나올 송곳이라는 것을 자각하고, 때를 기다리면서 계속 걸어가 보자.

훌륭한 사람은 운이 나빠서 밑바닥에 눌려있어도 언젠가는 반드시 세상에 알려질 것을 믿으면서.

> 공부를 멈추지 않는다면
> 언젠가 손에 쥔 붓이 용이 되는 것을 보리라.
> _범중엄

인내의
중요성

늦더라도
꿈을 이루는 방법

　　우리 주변에는 남들이 우러러볼 정도로 성공한 사람들
이 많다. 운영하던 벤처기업이 상장되어 주식 거부가 된 사람, 수많은
히트곡을 낸 가수들, 남들은 한 권도 힘들다는 베스트셀러를 수두룩
하게 낸 사람들이 대표적인 예다. 이들의 성공법에 대하여 분석하는
자료나 서적이 일종의 위인전 형식을 빌려 봇물처럼 쏟아져 나오고
있다. 리처드 브랜슨, 일론 머스크, 스티브 잡스, 마윈 등 관련 책들이
이를 대변한다.

　　이런 책을 보다 보면 성공을 꿈꾸는 우리가 간과하고 있는 것이
있다는 생각이 든다. 바로 '인내'라고 하겠다. 소위 말하는 금수저가

아닌 이상 혼자 힘으로 목표지점에 도달하려면 멀고 험난한 여정을 거쳐야 한다. 그러다 보니 중간에 다른 길로 새기도 하고, 포기하기도 하며, 심지어 의도치 않은 외부의 영향으로 원하던 목표를 접어야 하는 상황이 발생하기도 한다. 목표한 것을 금방 이루는 사람도 있지만 이는 타고난 팔자려니 하고 불평할 일은 아닌 것 같다. 소위 전문가들은 대부분 인내력이 약해서 금방 포기한다고 논평하기도 한다. 그러나 극심한 경쟁 사회에서 인내심이나 능력 부족만을 탓할 때는 무책임한 이야기라는 생각이 들기도 한다.

성공하기 위해서는 포기하지 말고 지금 파고 있는 우물을 1미터만 더 파라는 이야기가 있다. 1미터만 더 파면 성공하는데 그걸 못 버티고 포기해 버린다는 이야기다. 나름 꿈이 있어 열심히 우물을 파긴 하는데 '우물만 파다 인생이 끝나는 건 아닐까?' 걱정스럽기도 하다. 실패는 성공의 어머니라고들 하지만 실제 실패하고 다시 일어서기가 힘든 것도 사실이다.

소위 말하는 '난사람'들이란 그냥 성공한 사람이 아니다. 그들도 고통스러운 과정을 안 겪었을 리 없는데 인내를 거듭하여 결국 두 다리로 일어섰을 테니까 말이다. 평범한 우리가 가진 유일한 무기가 바로 '인내'가 아닐까 싶다.

셀트리온 서정진 회장은 "부도를 막기 위해 신체 포기 각서를 쓰고 사채까지 쓸 정도로 절박했다"라고 했다. 부족함이 없었을 것 같던 그도 알고 보니 버티고 버텨서 성공 기업을 일군 것이다. 켄터키 프라이드치킨(KFC)의 커널 샌더스(Colonel Sanders) 또한 60세가 넘은 나이에 꿈을 이루었다 한다.

여러분은 60세까지 갈 필요 없이 조금만 고생하고 꿈을 이루기 바란다. 가슴속 꿈을 품고 있다면 참고 또 참아서 남들이 보지 못한 기회를 잡아 뜻을 이루기를 응원한다. 힘들어도 참고 계속 길을 가거나, 한번 멈추었던 여정을 다시 시작해 보는 것이다.

세상에는 공짜가 없는 것 같다. 엄청난 고난을 겪고 나야지만 행운의 여신이 그제야 모습을 드러내니 말이다. 고된 여정을 완주하고 뒤돌아보았을 때 지금의 고통이 한순간의 추억이 되기를 바라면서.

포기하지 마라.
지금 고통받고 평생을 챔피언으로 살아라.
_무하마드 알리

한 걸음
물러서기

훗날을
도모하는 방법

중요한 시험을 치거나 사업상 중요한 입찰에서 원하는 바가 이루어지면 더할 나위 없겠지만, 우리네 인생은 결코 의도한 대로 되지 않고 실패하는 경우가 많다. 더러 미련이 남아 물고 늘어지는 경우가 있는데, 시간만 낭비하고 결국 실패하게 된다. 이때 흔히 '한 걸음 물러나 생각하라'라는 처방전이 등장한다.

한 걸음 물러서는 것은 단순히 문제를 회피하거나 도망가는 것과는 결이 다르다. 도망간다는 것은 점차로 내 인생을 갉아먹게 되지만, 한 걸음 물러서는 것은 단순히 실패한 것이 아니라 내가 가진 전력을 보완하기 위해 후퇴하는 것을 의미하기 때문이다. 병법 36계의 마지막 계책에 주위상(走爲上) 즉, 36계 줄행랑이 있다. 이는 '도망치는 것이 상책이다'라는 뜻이지만 단순히 도망치는 것이 아닌 '형세가 불리하면 도망쳤다가 후일을 도모하는 게 최상의 계책'이라는 의미다.

당장은 직면한 목표를 달성해 내지는 못했지만, 한 걸음 물러나서 바라보게 되면 자신의 부족했던 점, 수행 방법들의 오류, 잡다한 실수들을 발견할 수 있다. 문제점을 파악했으니 그냥 무턱대고 들이대는 것보다 더 효과적인 방안을 보완하여 도전함으로써 원하는 것을 얻을 확률이 높아지게 되는 것이다.

일보후퇴(一步後退) 이보전진(二步前進) 즉, 한 걸음 후퇴는 두 걸음 전진을 의미한다. 한 걸음 물러섰지만 이내 두 걸음 세 걸음 전진하는 경우를 실제 주위에서 많이 볼 수 있다. 첫 대학입시에는 실패했지만, 새로운 학습 태도로 자신의 부족한 과목을 보완하여 다음 해 입시에서 원하는 대학에 합격한다든지, 국내 대기업 취업에는 실패했으나 자신의 실패를 역이용하여 더 훌륭한 외국계 기업에 합격한 예도 있다. 한번 물러서는 것은 실패가 아닌 더 나은 삶을 위한 단단한 기반을 만드는 것이라 할 수 있을 것이다.

한 걸음 물러서는 것은 단순히 가고자 하는 길이 막혔을 때, 다시금 삶의 방향을 결정하는 데에도 중요한 역할을 한다. 원하는 목표에 도달하지 못하고 일단 한 걸음 물러서게 되면 자신이 해왔던 여러 가지 방법과 생각을 정리하거나, 어떤 점이 부족했는지 생각할 기회가 된다. 이때 비로소 걷고 있는 이 길이 자신과 맞지 않다는 것을 깨닫게 되는 경우도 허다하다. 물러섬을 통해 자신의 여정을 점검하고, 숙고를 통해 새로운 길로 출발하게 되는 계기가 될 수도 있다.

용기는 물러서고 나아가는 것을 아는 것이다. 물러서야 할 때 나아가는 건 만용이고, 나아가야 할 때 물러서는 건 비겁하다는 이야기가 있다. 지금 당장 자존심이나 체면 때문에 무리하게 행동하는 것보다는 한 걸음 물러서서 훗날을 도모하며 자신을 채워나가는 것이 더 중요하지 않을까.

> 기쁜 마음으로 좋은 마음으로 설레는 마음으로
> 지금의 후퇴를 즐겨. 말 그대로 너의 뒷걸음은
> 일보 후퇴, 이보 전진의 도약이 될 테니까.
> _김지훈 〈참 소중한 너라서〉 중에서

한 걸음 더 내딛기와
질서 있는 후퇴

삶을 개선하는
방법

파울로 코엘료(Paulo Coelho)가 쓴 소설 《연금술사》를 읽다 보면 이런 내용이 있다.

에메랄드 하나를 캐기 위해 강가에서 오 년 동안 일하면서 구십구만구천구백구십구 개의 돌들을 깨버린 보석 채굴꾼이 있었다. 오 년 동안의 소득 없는 실패에 분통이 터진 그는 이제는 포기해야겠다고 생각하며 집어 든 돌 하나를 힘껏 내던졌다. 그 돌은 날아가 세게 부딪혔고, 빛을 발하며 깨어졌는데 그 돌이 바로 세상에서 가장 아름다운 보석 에메랄드였다.

이 이야기는 하던 일을 포기하지 말고 조금만 더하면 이루어질 수 있으니 '한 걸음만 더 나아가라'는 내용을 담은 것 같다.

또 고사성어 '위산구인 공휴일궤(爲山九仞 功虧一簣)'는 아홉 길 높이의 산을 쌓으면서 한 삼태기의 흙이 모자라 다 이루지 못한다는 뜻이다. 하나의 돌멩이와 한 삼태기의 흙만 더하면 네가 원하는 것을 얻을 수 있으니 계속 정진하라는 의미다.

맞는 말씀이다. '포기하지 않고 불굴의 용기로 계속 전진하라. 그러면 마침내 네가 원하는 것을 얻을 것이다'라고 끊임없이 동기부여를 하고 있다.

그런데 한 발만 더 내디디면 원하는 바를 이룰 수 있다는 작은 희망이라도 보인다면 어떻게든 버텨보겠는데 그렇지 않으니 문제다. 불확실한 미래가 우리를 지치게 하는 것이다. 조금만 더 노력하면 목적하는 바를 이룰 수 있다고 한다면 그 누가 포기하겠는가? 어떻게 보면 빠른 포기도 한 방법일 수 있건만, 그놈의 '이번에는 잘 될지 몰라' 하는 실낱같은 희망이, 결국 안 되는 것들을 포기할 수 없게 만들기도 한다.

절대 성공할 수 없는 일이라고 판단되면 그간 투자했던 시간과 노력이 아깝더라도 과감히 포기해야 하고, 그렇지 않다면 앞으로 계속 가야 한다. 하지만 이러한 결정 자체를 어떻게 해야 할지 이 또한 문제다. 미래를 모르니 '고 어게인(GO AGAIN)과 기브 업(GIVE UP)' 둘 중 어느 하나를 쉽게 고를 수도 없는 노릇이니 말이다.

어떻게 결정해야 할지 나름대로 한번 생각해 보자. '질서 있는 후퇴'의 개념을 떠올려 본다. 주식에서 분산투자라는 개념이 있듯이 인생에서도 분산투자가 필요한 것 같다. 예전에는 A라는 목표를 달성하기 위해 나의 모든 역량을 쏟아부었다면, 역량을 분산해 B 또는 C라는 목표에 분산해 보는 것이다.

예를 들자면, AS IS: A에 100% 역량 투여→TO BE: 역량 투여를 A:B:C=50:30:20로 하는 등 즉, '질서 있는 후퇴'는 서서히 내가 추구해왔던 목표달성과 관련 순차적으로 힘을 빼면서 다른 곳으로 관심을 늘려나가는 것이라고 할 수 있다.

일정 목표를 달성하기 위해 많은 시간과 역량을 쏟아 왔다면, 성공하지 못했다 하더라도 일정 레벨에 오른 것만은 분명하다. 성공이나 실패를 결정하는 것은 핵심을 잡아내는가, 못 잡아내는가의 문제이다. 예전에 내가 추구하던 일에 약간의 힘을 빼고 한 걸음 더 나아가면서 끝을 보고자 시도할 수 있고, 남는 역량과 자원을 다른 길을 찾는 데 사용할 수도 있다. 이렇게 분산하여 힘을 쏟는 것이 한곳에 몰빵하는 것보다 훨씬 수월하게 기회를 찾을 수 있게 도와주지 않을까 생각해 본다.

혹 이럴 수도 있다. '한곳에 집중하지 못하고, 이것도 해보고 저것도 해보다 어영부영할 수도 있지 않나.' 지당하신 말씀이다. 그러나 미래에 대한 정답을 알 길이 없는 평범한 우리는 더 나은 내일을 위해 '질서 있는 후퇴'라는 고육지책도 활용해 보자는 것이다.

이것저것 해봐야지 그나마 삶을 지탱할 수 있지 않을까. 그러다 보면 역량이 쌓여 우리의 삶이 개선되는 효과를 볼 수 있을지 누가 알겠는가?

우리가 지금의 우리보다 더 나아지기를 갈구할 때,
우리를 둘러싼 모든 것들도 함께 나아진다.
_파울로 코엘료 《연금술사》

지기 위해 태어나
이기는 삶

창대한 미래를
얻는 방법

야코포 페로페티의 《성공하는 아이디어에 영감을 주는 거의 모든 이야기》라는 책에는 이기기 위해 태어나서 이기는 삶(스티브 잡스 등의 초천재), 이기기 위해 태어나서 지는 삶(초기에 성과를 거두나 조기에 시듦), 지기 위해 태어나 이기는 삶(대기만성형), 지기 위해 태어나서 지는 삶(허무주의자)에 관한 이야기가 있다.

잡스와 같은 초천재들은 하늘이 낸 사람이니 어쩔 수 없다 하더라도, 우리 같은 보통 사람들이 지향해야 할 모델은 '지기 위해 태어나 이기는 삶'인 것 같다.

우리는 세상을 이끌어 가는 천재나 영웅에 대해 말하기 좋아하고,

이들에 대한 찬양을 멈추지 않는다. 그런 이야기를 들으면, 나도 할 수 있다는 용기를 내기보다는 '내가 어떻게 저렇게 되겠어' 하고 의기소침하기 쉽다. '저들은 저렇게 성공하는데 나는 왜 이런 꼬락서니일까?' 하는 자괴감과 '나는 계속 실패한 인생을 살아야만 하나?' 하는 상실감에 휩싸이는 것이 인지상정이다. 하지만 우리 인생은 '끝날 때까지 끝난 것이 아니다'라는 사실을 명심할 필요가 있다.

경제전문지 〈포브스〉의 발행인이자 미래학자인 리치 칼가아드(Rich Karlgaard)가 '레이트 블루머(Late Bloomers)'에 대해 언급한 바 있다. 늦은 나이에 자신의 꿈을 이룬 대기만성형을 '레이트 블루머'라고 한다. 이들은 결국 자기 나름의 방법에 따라 자신의 일정대로, 자신에게 주어진 최고의 운명을 찾아내는 사람이라고 할 수 있다.

천부적인 재능도, 강력한 뒷배경도 없으며, 하는 일마다 제대로 되는 것이 없는 평범한 우리는 처음에는 무조건 패배할 수밖에 없는 것 같다. 마음은 이기고 싶어도 마음만 먹는다고 이기는 것이 아니라 무슨 해결할 능력이 있어야지 대응이라도 해볼 것이 아닌가.

평범한 우리에게 위로가 되는 이야기도 있다. 중국 송나라 유학자 정이(程頤)는 '소년등과 일불행(小年登科 一不幸)'이라고 했다. 어린 나이에 과거에 급제하고 출세한 것이 불행한 일 중 한 가지라는 의미이다. 너무 이른 나이에 출세하면 타인의 고통을 모르기에 거만하게 되고, 아무런 노력을 안 해도 잘 될 것이라는 안일함에 빠지기 쉽다. 따라서 이른 출세는 불행으로 가는 지름길이라는 것을 적시하는 내용이다.

인생사 전반전이 좋으면 후반전이 좋지 않기 마련이고, 끝까지 계속 좋은 사람은 드물다. 물론 초기에도 좋았고, 마지막까지 좋은 흐름을 이어가는 이들도 있다. 하지만 이들은 그야말로 운과 자신의 노력이 조화를 이룬 경우다.

초기에 성과를 보이는 것보다는 오랜 시간 빛을 못보다 성과를 내는 쪽이 성공의 강도나 유지 기간이 더 길다는 연구가 많다.

태어나기는 별 볼 일 없이 태어났지만, 나중에 일어서는 모습을 상상하며 우리에게도 아직 때가 안 온 것뿐이라는 희망을 잃지 말자! 처음은 미약하나 결국 그 끝은 창대할 것이기에!

> 피는 시기가 다를 뿐,
> 피지 않는 꽃은 없다.
> _시인 나태주 〈풀꽃〉

자신에
대한
믿음

나에게
맞는 분야

내게 좋은 것을
찾는 방법

누구나 주식에 대한 관심이 많다. 누구는 주식을 해서 집을 샀다는데 등의 성공담이 들리기도 한다. 처음 주식을 접한 나도 겁 없이 경제신문 등의 추천 종목에 투자했는데 결과는 폭망이었다. 그때부터 열심히 주식 관련 책을 사 보았는데 다양한 인사이트 및 투자기법을 담고 있었다. 이들의 공통된 이야기는 '공부가 부족하니 더 주식 공부에 매진하라'라는 것이었다. 그래서 한 달에 5~6권의 주식 관련 책을 읽었고, 1년 후 심기일전 재도전했지만 역시나 결과는 또 폭망이었다.

남들은 다 성공했다는데 나는 왜 안 되지? 하는 자괴감이 많이 들었다. 그러다 어느 날 나하고 주식투자는 안 맞는 게 아닌가 하는 생각이 들었다.

사람마다 돈을 많이 벌었다고 하는 분야와 방법이 분명 존재한다. 그런데 그것이 자신과 맞지 않는다면 어떻게 해야 할까? 나 또한 지금은 작은 아파트나 오피스텔 등에 대한 투자나 채권 및 예금 복리 효과를 노리는 소소한 투자를 하고 있다. 주식투자에 비하면 수익률은 미미하지만, 적게나마 수익률이 생겨 다행이다. 무엇보다 마음이 편한 것 같다.

투자나 일을 하다 보면 왠지 편하고 나에게 맞는 것 같다는 분야가 있다. 이론상으로 딱 부러지게 설명할 수 있는 것은 아닌데 일을 계속해 나가다 보니 '나는 이 분야에 맞는 것 같다' 하는 느낌이 든다고나 할까?

한방을 추구하는 이들도 있고, 소심하게 투자를 하는 이들도 있다. 어떤 방법이냐, 금액이 얼마냐를 떠나서 '지금 나에게 수익을 가져다주어야 나에게 맞는 방법이다'라는 생각을 하게 되었다. 또 일이나 사업을 전개하면서도 소위 대박을 부르는 아이템이나 기법들이 있겠지만 내가 능숙하게 잘 해낼 수 있고, 나에게 수익을 가져다줄 수 있는 것이 정작 중요한 부분이 아닐까.

남들이 성공했다는 말을 들으면 우선 나만 뒤처지는 것은 아닐까 하는 우려가 생길 수도 있다. 하지만 일단 수익이 발생하고 있다는 사실이 중요한 것이지 내게 수익을 가져다주지 못한다면 아무 소용이 없다고 판단할 수 있어야 한다.

자신의 성향에 맞고 최대한 수익을 내는 방법을 찾아 나가는 과정은 무척 중요하다. 블로그에는 '스마트 스토어 운영하기', '블로그를 통한 수익화', '○○ 챌린지' 등에 관한 이야기가 많이 나오는데, 이 내용을 시도해 보는 것도 중요하다. 하지만 우선 이런 방법들이 '나에게 맞는가?' 하는 질문을 반드시 해볼 필요가 있다는 것이다.

나보다 빠르게, 많이 돈을 버는 이들이 분명 존재한다. 그러나 '나에게 맞는 방법으로 벌고 있는가?'가 더 중요한 게 아닐까.

각 분야에는 제각기 전문가가 있기 마련이다.
_유기

나는 잘 될 것이다

무기력함을 극복하는 방법

길을 걷다가 상점 외부 유리에 비친 자신의 모습을 바라보게 될 때가 있다. 세상에 이렇게 비루하고 비참한 모습을 한 사람이 또 어디 있을까? 그것이 바로 나 자신이라는 생각이 들 정도로 궁지에 몰리는 경우가 있다.

실패하고도 아무 일도 없다는 듯이 훌훌 털고 일어나 다시 새로운 도전을 할 수 있는 사람이 얼마나 될까? 좌절에서 벗어나 긍정적인 미래를 만들어 내려면 자신의 노력, 뜻하지 않는 기회, 나를 이끌어 줄 인연을 만나는 등 여러 요소가 어우러져야 한다. 하지만 일단 되든 말든 우선 자신에 대한 믿음이 선행되어야 할 것 같다.

실패하고 다시금 새롭게 도전하기 위해서는 일단 부정적 감정을 긍정으로 돌려놓는 것이 필요하다. 우선 좌절에서 벗어나기 위해 긍정적 미래를 상상하는 것부터 시작해야 한다. 이와 관련 '긍정 확언'이라는 개념이 있다. 내가 도달하고 싶은 목표를 표현하는 말이라고 하는데, 성공하기 위해서도 필요하지만, 확신과 용기를 주고 감정 조절에도 큰 도움이 된다고 한다.

긍정 확언을 한답시고 기반도 능력도 가진 것도 없는 사람이 '나는 잘 될 것이다', '나는 ○○가 될 것이다'라고 한다면, '이 사람은 능력도 없고 가진 것도 없는데 왜 이렇게 헛소리만 하고 다니지?' 하면서 허언증 환자나 미친놈 취급을 할 수도 있다.

그렇다 하더라도 주위의 비난에 굴하지 않고 '나는 미래에 반드시 잘 될 것이다'라는 생각을 꼭 가지고 있어야만 한다. 세상에서 오직 한 사람, 나 자신만이라도 나를 믿어야지 자신조차 힘을 주지 못한다면 내가 기댈 언덕이 어디 있을까.

남들의 무시와 비난에도 불구하고 '나는 잘 될 것이다' 하고 계속 긍정적 자세를 유지하게 되면 주위에서 '혹시 저 사람 뭔가 있는 것 아니야?' 하는 호기심을 가지거나 '이 사람 나중에 큰일 내는 거 아냐?' 하는 기대감이 생길 수도 있다.

우리는 누구나 비장의 한 수 정도는 가지고 있다. 기회가 되면 그 비장의 능력을 펼쳐 낼 수 있겠지만 그것이 어려운 것이 현실이다. 하지만 '나는 ○○을 해낼 수 있는데', '나는 ○○를 할 것이다' 하고 계속하여 외치게 되면 주변에서 호기심이 생긴 이들 중 내가 원하던 기회를 가져다주는 사람이 분명 나타날지도 모른다. 좌절에 빠져있던 나에게 반전의 기회가 올지도 모르고, 적어도 실패의 무기력에 빠져있던 자신을 조금이나마 건져 올릴 수 있지 않을까.

마음이 아플지라도 포기하지 않고, 자기 기만에 가까울 정도로 긍정의 자세를 가지는 것이 가끔은 필요한 것 같다. 긍정의 주문을 통해 자신에게 밝은 분위기를 선물해야 할 것이다. 그렇다면 긍정 주문을 통해 언제까지 우리의 마음을 기만해야 할까? 아마도 우리 인생의 시간이 다하는 순간까지 '나는 잘될 거야'라는 주문을 외워야 하지 않을까.

> 자신의 마음을 지옥으로 만들고 싶은 사람은 아마
> 없을 것이다. 마음을 천국으로 만들고 싶은 이들이여!
> 자기 마음속에 마술을 부려
> 즐겁고 찬란한 하루를 만들어라.
> _토머스 에디슨

남과
다른 삶

자신의 의지로
선택하는 방법

요즘 사회는 트렌드에 대단히 민감하다. '무엇이 뜬다' 하면 너도나도 그 흐름에 동참하기 위해 기를 쓴다. 연예인이 입고 나온 옷이 불티나게 팔리고, 사람들이 몰리면 주가나 부동산 가격이 이유 없이 폭등하는 등이 이런 현상이다. 처음에는 다들 왜 저러나 싶다가 조금만 시간이 지나면 '나도 따라가야 하는 거 아냐?' 하는 생각이 든다.

다들 인스타에 멋진 사진을 올리는데 안 올리면 나만 뒤처질 것 같다, 지금 부동산을 사지 않으면 거지로 남을 것 같다, 요즘 ○○종목이 상한가를 치고 있는데 안 사면 나만 돈을 못 벌 것 같다, 요즘

이 연예인이 핫하다는데 덕질을 안 하면 나만 소외될 것 같다 등 우리는 어떤 트렌드에 편승하기 위해 질주를 한다.

이 트렌드에 올라타는 것이 냉철한 분석에 기반한 것이라면 문제가 안 되겠지만 남들이 좋다고 하니까, 많은 사람들이 한다고 하니까 따라 할 때 어떤 결과를 초래할까?

사회적 트렌드에 편승하는 것이 성공한 듯하지만, 정작 성공한 사람들은 남들과 다른 행동과 선택을 했기에 부와 명성을 얻은 경우가 많다. 뒤처지는 것과 성공하는 것은 다른 차원이다. 우리는 남들과 다른 역발상으로 성공한 사례들을 무수히 목격하곤 한다. 그런데 왜 우리는 타인의 행동과 선택을 무조건 추종하며 뒤처지지 않기 위해 노력하는 것일까?

최근 회자되는 포모(FOMO) 증후군이라는 용어가 있다. 이는 소외되는 것에 대한 두려움을 뜻하는 'Fear of Missing Out'의 앞 글자를 딴 '포모(FOMO)'와 '증상'을 뜻하는 Syndrome이 결합된 용어로 흐름을 놓치거나 소외되는 것에 대한 불안 증상을 뜻한다.

남들이 하는 것이니까 나도 해야 한다는 '군중심리', 남들이 하는 것을 나만 안 하고 있다는 '소외에 대한 공포' 등 이런 감정이 융합되어 정작 자신이 원하는 바가 아님에도 불구하고 유행을 좇음을 이른다. 이로써 우리도 남들처럼 ○○를 향유하고 있다는 거짓된 안도감에 휘둘리며 살아가는 건 아닐지.

남들이 유행이나 흐름에 휩쓸리는 것을 손가락질하고 비판하기 전에 나 자신이 올바른 선택을 하기 위해서는 온전히 나의 태도를 바꿀 필요가 있다. 우리는 자신만의 일정한 사회적 기준을 세워놓고 누군가 그 범위를 벗어나 행동할 경우 '저 사람 이상한 사람 아니야' 하고 판단해버리는 경우가 허다하다.

내 마음속에 이미 고정된 잣대가 있는 상황이라면 '남들과 다른 길을 간다'라는 것은 허황된 이야기가 되겠다. 나중에는 남을 판단하는 잣대로 나 자신을 판단할 것이고, 결국 남들의 행위 기준에 맞추어 살아가게 되는 내가 될 것이기 때문이다.

수천 년 전 공자는 남들을 좇아 살지 않는 방법에 대한 답을 주신 바 있다. 《논어》〈자로편〉 제23장에 나오는 고사인 '화이부동(和而不同)'이다. '남을 이해하기 때문에 함께 잘 어울리지만, 그렇다고 소신 없이 그저 남이 하는 대로 따라 하지는 않는다'는 의미다.

맞는 말씀인 것 같다. 남들이 좋다고 하는데 굳이 그것을 비판할 필요는 없겠지만, 자신의 의지로 선택하는 삶만이 성공의 길을 보장하지 않을까.

우리를 망치는 것은 다른 사람들의 눈이다.
만약 나를 제외한 다른 사람이 모두 장님이라면
나는 굳이 좋은 옷, 좋은 집, 좋은 가구도
원할 필요가 없을 것이다.

_벤저민 프랭클린

나만의
기준 세우기

남에게 휘둘리지
않는 방법

우리는 대부분 타인의 시선에 매우 민감하다. 나부터 타인의 시선에서 자유롭지 않다는 점을 인정한다. 그러다 보니 일상생활 속 소소한 선택에서도 '남을 배려한다'라는 명분 아래 자신도 모르는 사이에 원하지 않은 선택을 하게 되는 경우가 허다하다.

예들 들어, 어떤 모임에 가입하기 싫은데 주위 사람들이 강권하니 어쩔 수 없이 가입한다든지, 짜장면을 먹고 싶은데 누가 짬뽕으로 통일하자고 하면 분위기 깰까 봐 마음에 안 드는 메뉴를 먹게 되는 등이다. 남을 배려한다고 하지만 결과는 남에게 휘둘린다는 느낌이 드는 것이다.

이는 단순한 의사결정을 하는 것에서부터 삶의 중요한 결정에까지 적용이 된다. 내 생각은 원래 A였는데, 남에게 맞추고 밀리다 보니 자기도 모르게 B를 하고 있는 경우다.

이런 상황을 피하기 위해서는 상황에 따라 자신만의 기준을 만들어 놓고 대응하는 것은 어떨까 생각해 본다. 기준과 강도는 다를 수 있겠지만 '여기까지는 감내할 수 있어' 하는 자신만의 선을 긋고 상대의 요구에 대응해 보는 것이다. 단순하게 내가 정한 선 안에 들어오면 '의견대로 해봅시다' 하고, 그 선을 넘게 되면 '죄송하지만 안 되겠는데요' 하고 말하는 것이다.

그런데 '나의 기준선 밑이면 해보고 넘으면 안 하면 되잖아' 하는 단순한 접근은 또 다른 어려운 문제에 봉착할 수도 있다. 어떤 제안이 들어올 때 바로 '나의 기준은 이렇습니다' 한다면 상대방이 수용하기 어렵다는 태도를 보이게 되고, 관계에 역효과가 나기 쉽다. 이럴 때는 시간을 들여 천천히 '나의 기준은 이런 것이다' 하고 미리 알려줄 필요가 있다. 그러다 보면 어느 정도 나에 대한 정보를 습득한 상대라면 내 기준에 맞지 않는 선택을 강요하는 경우를 줄일 수 있을지도 모른다.

선택에 있어 해당 기준이 나에게 속하는가, 아니면 타인에게 속하는가? 별것 아닌 것 같지만 나중에 돌아오는 결과는 큰 차이가 나게 된다. 기준이 나에게 속해 있으면 다음 스텝을 밟는 데 있어 생각할 시간과 마음의 여유를 확보할 수 있다. 반면 남의 선택을 받아들이고 수용하게 되면 다음 단계에서 내 생각이 들어갈 자리가 없어지게 되고, 계속 남의 선택만을 바라보아야 하는 상황에 놓이게 되는 것이다.

자신만의 기준을 만들 때는 일단 '상대방이 나의 기준을 좋아할 것인가?'에 대한 생각은 배제하고 정하는 것이 맞다. 상대방의 선택에 따른다는 것은 좋은 말로 남을 배려한다고 할 수 있겠지만, 이는 나의 의사결정권을 타인에게 위임한다는 것을 의미한다.

자신만의 기준을 가진다는 것은 이기적이라는 것과는 그 의미가 다르다. 자신만의 기준을 정하고 지키는 것은 좋지만 그것이 남에게 피해를 주고 있는지도 살펴보아야 한다.

자신의 기준을 정립한다는 것은 타인에 대한 배려와 자신을 향한 이기심 사이에서의 줄타기라고도 볼 수 있을 것 같기에.

나는 행복해지는 법을 모른다.

그러나 불행해지는 방법은 정확히 알고 있다.

모든 사람을 만족시킬 수 있다고 생각하는 것.

그것이 불행의 지름길이다.

_빌 코스비

자신이 잘하는
방식으로

나만의 길을
정하는 방법

성공 노하우를 담은 자기 계발서에 대한 일반인들의 수요는 끊이지 않는 것 같다. '○○를 해서 부자가 되는 법', '마음을 비우는 법', '주변 정리를 잘하는 법', '직장에서 성공하는 비결', '긍정적인 인간관계의 법칙' 등 그야말로 삶을 개척하거나 성공을 만들어준다는 비법들이 쏟아져 나오고 있다.

우리는 '그래 나도 할 수 있어! 이대로 실천하면 성공할 수 있을 거야' 하는 마음으로 그 내용을 따라 하기도 한다. 간혹 혼자서는 의지가 약하니 유명 강사들을 롤 모델로 삼아 '○○선생님 따라 하기'를 해보기도 한다.

그런데 왜 우리는 성공의 지름길을 찾아갈 수가 없는 것일까? 그 이유는 나에게 맞는 방식이나 길은 따로 있는데 남들이 좋다고 해서 무조건 모방하다 보니 실패하는 것이 아닐까. 해당 방법이나 방식이 다 옳고 잘만 실천한다면 성공할 수 있는 비법임이 분명하다. 하지만 문제는 그 방법들이 모두 자신에게 적합한 것이 아니라는 것이다.

예를 들어, 아침형 인간이 좋다 하여 올빼미형 인간이 아침에 일찍 일어나기를 시도하면 피곤만 더 쌓인다. 원래 내성적이고 소심한 사람이 '자신을 홍보해라' 해서 용기 내어 다른 사람들에게 다가갔지만, 오히려 어색해지고 마음의 상처만 받게 되었다면 어떨까.

이렇게 자신에게 맞지 않는 방법인데도 이를 해낼 수 없으니 '나는 실패자야' 하면서 자책하는 경우가 종종 있다.

어떻게 하면 나에게 맞는 삶을 찾아갈 수 있을까. 생활 태도와 업무 부분에서의 관점에서 접근해 보자.

일단 생활 태도에서 자신과 맞는 내용을 발견한다면 그것이 본인의 강점이라고 판단해 본다. 예를 들어, 아침형 인간이 돼라 → 나는 올빼미인데?(탈락), 상대방의 말을 잘 들어주라 → 나는 타인의 이야기를 잘 들어주는 편이다(채택). 이런 식으로 자신과 맞는 성공의 태도를 찾고 여기에 집중해 보는 것이다.

업무 부분의 경우 영업/마케팅/홍보/물류/기획 등 다양한 분야를 만나게 된다. 업무 자체에서 좋아하고 싫어하고를 떠나 일이 수월하게 진행되는 분야가 있을 수 있다. 그러면 이것이 내가 강점을 가진 분야이고 나름 노하우가 있다고 생각해 보는 것이다. 예를 들어, 영업을 해보고 싶은 마음이 있지만 기획하는 일의 성과가 수월하게 나온다면 기획이 더 자신과 맞는다고 판단하는 것이다.

이런 과정을 거쳐 생활 태도와 업무 분야에 있어 '나만의 방식'과 '내게 맞는 분야'를 정립했다면, 해당 방식으로 삶의 길을 가 보는 것이다. 혹시 다른 사람들은 ○○방식으로 잘만 성공한다던데 하는 잡음이 있을 수 있으나 이를 무시하고, 나에게 맞는 방법, 내가 아는 방식으로 세상에 도전해 보는 것이다.

수많은 성공 비법은 해당 성공자만이 추구해왔던 고유의 방식이었을 것이다. 그들이 노하우라고 하는 대부분도 처음에는 다른 사람들로부터 인정받지 못한 한 사람만의 방식이었을지도 모른다. 그들도 자신만의 방법을 정립하고 그것을 끝까지 추구해서 성공하였다. 그것이 바로 자신의 성공 노하우가 되고 남들이 인정해 주는 방법이 되지 않았을까.

나만의 방식과 속도로 삶의 길을 걸어가다 보면 비록 남들이 인정하는 성공에 도달하지 못할 수도 있겠지만, 훗날 내 삶을 돌아보았을 때 그래도 '나름대로 잘 살았어'라고 할 수 있을지도 모른다.

나는 나 자신의 삶을 살고, 이를 통해
나 자신의 상처를 치유하고 있다.
물론 이것이 가장 잘 사는 방법이
아니란 것은 잘 안다. 하지만
이게 바로 내 방식이다.

_제프리 유제니디스

마음이
시키는 대로

인생의 진로를
결정하는 방법

직업이나 진로와 관련하여 초등학생에게 '너 나중에 뭐 하고 싶니?' 하고 물어보면 의사·연예인·과학자·운동선수 등 다양한 대답을 들을 수 있다. 사회 진출을 앞둔 대학생들에게 '앞으로 뭐 하고 싶으세요?' 하고 물어보면 대부분이 '일단 급여를 많이 주고 복지 좋은 기업에 취직해야죠' 하는 이야기를 듣게 된다. 그리고 직장인이나 사회인들에게 '앞으로 뭐 하고 싶으세요?' 하면 '글쎄요, 미래에 무엇을 해야 할지 정말 고민이네요' 하는 답변이 많다. 인생 진로에 대한 고민은 '나이나 경험과는 아무런 상관이 없다'고 하겠다.

진로(進路, career)는 진학이나 직업 생활뿐만 아니라 가정생활, 사회활동, 여가생활, 봉사활동, 종교활동 등 한 개인이 일생 동안 겪는 경험의 총체를 말한다. 그런데 인생의 진로를 결정하기가 너무도 어렵고 막막하다는 데 심각한 문제가 있다.

진로 고민에서 학생은 '출발하는 지점을 어디로 잡아야 할까?'라고 한다면, 사회생활을 하는 사람들은 '어떤 방향으로 가야지 미래가 담보될 수 있을까?'라고 할 수 있겠다. 예전에는 '평생직장'이라고 하여 직업의 안정성이 보장되었고, 사회변동의 폭이 적어 한 분야에서 정년까지 일하고 남은 시간에 여생을 보낸다는 인생 설계가 가능했다. 하지만 현대사회는 인생 2모작을 넘어 인생 3모작·인생 4모작이 대세가 되었고, '평생직업'을 준비해 보지만 그것도 끝까지 유효한지도 확실치 않다. 그야말로 대혼돈의 시대에서 미래 진로에 대한 고민은 더욱 깊어질 수밖에 없다.

다음은 우리가 인생 진로를 결정하는 데 도움이 되는 질문들이다.

1. 누군가 총을 대고, 당장 할 일을 얘기하라고 위협한다면?
2. 앞으로 3년밖에 못 산다면?
3. 힘든 순간에도 견딜 수 있을 일은 뭔가?
4. 식음을 전폐하고 전념하는 일이 뭔가?
5. 꼬마였을 때 당신을 흥분시켰던 일이 뭔가?
6. 먹고 살 만큼 돈이 있다면 뭘 하겠는가?

7. 당신이 지금 100살이라면 뭘 안 했다고 후회할 것 같은가?

8. '무엇에 자연스럽게 끌리나? 신문이나 잡지를 펼치면 뭐부터 보는가? 혹은 다른 사람 집에 처음 갔을 때 뭐가 눈에 먼저 보이나?

질문을 단순하게 정리하면 '네 마음이 시키는 대로 하라' 정도가 될 것 같다. 미래의 진로를 선택할 때 남에게 좋게 보이는 것을 선택하거나, 또는 남들이 많이 선택하니까 나도 덩달아 선택하게 된다면 나중에 어떻게든 문제가 생기게 된다. 그리고 마음이 시키는 대로 한다면서 직장 생활이 힘이 드니 '자유를 찾겠다, 나는 퇴사를 원한다' 면서 무턱대고 회사를 그만두고 여행을 떠나는 경우가 있다. 이는 결코 마음이 시키는 길이라 볼 수 없다. 이는 단지 내가 직면한 문제에서 도망가는 것, 그 이상도 그 이하도 아니라고 하겠다.

회사에서 소소하게 일하고 있는 평범한 직장인으로서 '나는 언젠가 화가가 되고 싶다', '나는 나만의 작은 책방을 하고 싶다' 등 작은 울림이 오는 경우가 있다. 이런 울림은 단지 취미생활이 아니라 자신도 모르는 사이에 마음이 이것을 해보자 하고 이야기하고 있는 것일지도 모른다.

마음이 원하는 일을 한다는 것은 앞으로 어떤 어려움이 닥칠지,

어떤 문제가 생길지 모르지만 그런 악조건들을 감수하면서라도 내 길을 가보겠다 하는 마음가짐을 의미한다.

어떤 진로를 결정했을 때 남들이 좋다고 하는 분야를 선택한 경우와 심사숙고 끝에 마음 내키는 대로 선택한 경우를 비교할 수 있다. 남들이 좋다는 일을 선택해 실패한 경우에는 '내가 왜 그랬을까' 자책하거나 남들을 원망하는 마음 등 후회나 회한의 감정이 강하게 들게 된다. 그렇지만 내가 결정하고 선택했지만 실패했을 때는 슬프지만 내 책임임을 조용히 인정하게 되는 것 같다. 스스로 선택한 것에 대해 자신이 책임을 지는 것이니 누굴 원망할 수도 없다.

마음속에 품어왔던 일을 시작하기로 했다면, 모든 것을 떨쳐내고 바로 시작하거나 아니면, 하고 싶은 일로 정한 뒤 자원이나 시간 투입 비중을 서서히 늘려나가는 방법이 있다. 개인 간 차이가 있어 어느 것이 정답이라고 할 수는 없다. '마음이 시키는 방향으로 떠난다'라는 자체에 인생의 의미가 있지 않을까 싶다.

이미 끝나버린 일을 후회하기보다는
하고 싶었던 일을 하지 못한 것을 후회하라.
_탈무드

아닌 건
아니다

／

원하는 것을
말하는 방법

직장을 다니거나, 공부하고 있을 때 가끔 '이건 아닌데' 하는 생각이 들곤 한다. 살면서 잠깐의 정신적 태클로써 지나갈 수도 있는 상황이지만, 이 생각이 지속적으로 들고, 문제의 회피가 아닌 마음으로부터 우러나는 답답함이라면 어떻게 해야 할까?

남들이 보기에 높은 위치에 있거나 선망하는 직업을 가지고 있든, 취업이나 돈 버는 데 있어 유용하다고 추천한 과목을 공부하고 있든, 혹은 스스로 선택한 길이지만 뭔가 잘못되었다고 느끼게 된다면 '이 길은 내 길이 아니다'라는 생각이 강해지고 이 느낌은 대체로 맞는 경우가 많다. 하지만 부모를 실망시키고 싶지 않아서, 남의 시선이 두려워서, 아니면 가족을 부양해야 해서, 지금 하고 있는 이 일이나 공부를 그냥 '내 팔자려니' 하면서 계속하게 된다. 그러면서 계속 고민하고 괴로워한다.

'이건 아닌데' 하는 생각이 들 때, 하고 싶은 일 혹은 가야 할 길을 찾는다는 것은 대단한 용기가 필요하다. 내게 좋은 일을 하려다 모든 걸 잃고 빈털터리가 되어 길거리로 나앉게 될 수도 있고, 더 나쁜 상황이 전개되어 후회할 수도 있으니 현 위치를 고수하는 것을 비난할 수도 없다.

'만약 당신이 불합리한 상황에 직면한다면 자리를 박차고 일어나 마음이 향하는 대로 네 갈 길을 가라'는 조언이 많다. 그러나 현실에서는 혼자 사는 것이 아닌, 사회적 위치나 가족 등 여러 가지 신경 써야 할 것들이 어깨를 짓누르고 있다. 아닌 것을 알면서도 '그래, 어쩔 수 없어. 이게 맞아' 하고 쓸쓸히 돌아설 수밖에 없는 것이 슬픈 현실이다.

그렇지만 힘겹게 버텨보다가 정 견딜 수 없는 상황이 온다면 '이건 정말 아니다' 하며 자신이 무엇을 원하는지 당당하게 밝혀야 할 필요가 있다. 다른 길을 선택하게 되면 가지고 있던 많은 것들을 잃는 것은 당연지사다. 그러나 고통과 슬픔의 쳇바퀴 속에 계속 머물러 있다가 삶의 종착역에서 '이렇게 사는 것이 아니었는데' 하고 후회하는 상황만큼은 피해야 하지 않을까? 삶에 있어 '아닌 것'에 대한 판단과 선택이 중요하다는 생각이 드는 이유다.

새로운 선택을 하고 방황의 연속이라 할지라도 묵묵히 자신의 길을 걸어가다 보면 기대하지 않았던 많은 것들을 얻을 수 있을지도 모를 일이다.

> 가장 용감한 행동은
> 자신에 대해 생각하고
> 그것을 큰소리로 외치는 일이다.
> _코코 샤넬

자신에 대한
믿음

어제보다 나은
내가 되는 방법

대한민국에서 산다는 것은 정말 힘들고 어려운 일인 것 같다. 돈 없고 빽 없는 사람들은 하루하루를 그야말로 연명한다고 해도 과언이 아닐 정도로 어려운 삶을 살고 있다. 청년들은 88만 원 세대, n포세대라면서 희망이 없다고 하고, 자리를 잡았다는 중장년층도 뛰는 물가, 끝없는 부채의 터널에서 힘겨워하는 것이 현실이다. 우리는 점점 자신을 믿지 못하고 '내가 해낼 수 있을까?' 불안스럽기만 하다. 이것이 우리가 처한 현실이다.

지금 스스로 이런 질문을 한번 던져보는 것은 어떨까?
'나는 늘 88만 원만 받아야 하는가?'

'나는 평생 월급이라는 쳇바퀴만 돌려야 하는가?'

당연히 그렇지 않다. 우리는 모두 소중하고 가치 있는 사람들이다. 지금은 설령 찌질하고 궁상맞게 생활하고 있다 할지라도 '나는 무엇이든 가능하다'라는 일종의 자기최면을 한번 걸어보는 것은 어떨까?

캐나다의 심리학자 앨버트 밴듀라(Albert Bandura)는 자기효능감(自己效能感, self-efficacy)이라는 개념을 제시한 바 있다. 심리학에서의 자기효능감은 어떤 상황에서 적절한 행동을 할 수 있다는 기대와 신념을 말한다. 이것이 높은 사람은 어떤 어려움에 직면했을 때 더 많이 노력하고, 더 끈기 있게 과제에 매달리며, 이로써 타인 보다 원하는 것을 성취할 확률이 높다고 한다.

내 앞에 닥친 일이 어렵고 힘든 것은 맞지만 나라면 당연히 헤쳐나갈 수 있다는 신념, 설령 남들이 인정해 주지 않는 근거 없는 자신감이라 할지라도 자신에 대한 기대가 크다면 원하는 바를 이룰 확률이 높지 않을까 하는 생각이다.

'나는 1,000억 대의 자산가가 될 사람이야' 혹은 '나는 대한민국 최고의 전문가인데 때가 안 왔을 뿐이야' 등 꿈은 크게, 심호흡한 후 열심히 자기 기만(?)이라도 해보자. 물론 즐거운 공상만 하다 끝날 수도 있고, 초라한 자신을 발견하고 절망할 수도 있다. 그렇지만 적어도 '나는 안 돼'라는 패배의식에서는 벗어나지 않을까.

자신에 대한 긍지와 자부심을 찾는 것이 모든 변화의 시작이다. 자신을 소중히 여기지 않고 자신에 대한 믿음 없이 주위의 상황이 변하기만을 기대하는 것은 어불성설이다.

자신에 대한 믿음을 가지고 '나는 아직 때가 오지 않은 영웅이지 남들의 눈치나 보는 사람이 아니다'라는 확신으로 현실의 벽과 부딪혀 보자. 큰 성공을 거둘 순 없을지라도 적어도 어제의 나보다는 더 나은 오늘의 내가 될 수 있을 것이니.

만약 당신이 믿는 것에 최선을 다한다면,
가끔은 상처받을 수도 있겠지만,
반드시 놀라운 일이 일어날 것이다.

_엠마 왓슨

자기
객관화

자신을
아는 방법

소크라테스의 '너 자신을 알라'라는 명언이 있다. '네 주제 파악 좀 해라' 하는 단순한 의미로 사용되기도 하지만 '네가 아무것도 모르고 있음을 인정하라'는 뜻이라고 한다. 그는 '자신의 무지를 아는 것'이 진리를 깨닫는 출발점이라 강조하기도 했다. 그렇다면 우리는 정작 자신에 대해서 얼마나 알고 있을까?

'자기 객관화'란 용어가 있다. 김옥희 교수의 《인간관계론》에서는 '자기 객관화란 자신을 객체로 알며, 있는 그대로의 자신과 자기가 바라는 자신, 남들이 보는 자신 간의 차이를 이해하는 것'을 의미한다고 했다. '나는 ○○분야에 강점이 있다'면서 자부심을 가지는 것도 중요하지만, '내가 틀렸다, 나는 이런 점이 부족하다'는 점도 인정할 수 있어야 한다는 것, 즉 나의 위치와 역량을 파악하는 것을 의미하는 것 같다.

예를 들어, 모태솔로 A군은 미스코리아나 슈퍼모델급 여자친구가 있었으면 하고, B양은 늘 백마를 탄 왕자님을 기다리고 있다. 물론 이루어질 수 있는 소망일지도 모르지만 어떻게 보면 자신을 객관화하지 못해 자기 기만을 하고 있는지도 모른다. 이렇게 사회생활에서도 자기 객관화가 안 되어 어려움을 겪는 경우가 많다는 것이다.

남을 끌고 앞으로 나가는 능력이 있는 사람은 자신의 사업을 운영하는 것이 바람직하고, 조직관리나 프로세스 구축에 능력이 뛰어난 사람은 기업의 이인자나 스텝 부서에서 능력을 발휘하는 것이 좋다. 또 영업이나 마케팅에 특화된 사람 등 각자의 능력이 극대화되는 분야가 분명히 있다. 이런 자신의 강점을 도외시하고선 성공하기 어렵다. 관리에 뛰어난 사람이 '나는 사업에 뜻이 있어!' 하고 길을 가다가 넘어지고, 엔지니어링 능력에 특출한 사람이 '나는 '마케팅에 강해' 하며 자신만의 방법으로 영업하다가는 실패하기 마련이다.

아울러 지나치게 자신의 강점을 내세우거나 부족한 면에만 초점을 맞추는 것도 자신을 객관적으로 바라보지 않은 것 같다. 자기 객관화는 자신을 있는 그대로 바라보고 강점과 약점을 파악한 후 강점을 살리고 약점을 보완하는 과정이지 '근거 없는 자신감'이나 '겸손을 가장한 자기 비하'로 연결되는 것이 결코 아니기 때문이다.

자기 객관화를 통해 현재 자신이 처한 상황과 역량을 판단한다면 지금 나에게 가장 필요한 것, 가장 부족한 것, 이를 토대로 무엇을 보완해야 하는지에 대한 질문을 던질 수 있게 된다. 그 질문을 토대로 어떻게 하면 삶을 개선할 수 있을지에 대한 방안을 찾을 수 있을 것이라 확신한다.

보기 싫은 현실도 볼 수 있어야 한다.
_카이사르

탐욕의
멈춤

자신을
사랑하는 방법

미국 부동산 버블 붕괴와 모기지론 부실화의 주역, '내 주식은 끝도 없이 오를 거야' 하는 주식시장의 개미들, 부동산 불패를 신봉하는 투자자, 슬롯머신 앞을 떠나지 않는 도박꾼들의 탐욕에까지 무언가를 갈구하는 현대인들의 욕망은 멈추지 않고 끝없이 질주하고 있다. 이에 반하여 요즘에는 '이렇게 사는 것도 괜찮아' 하는 무소유나 자기만족의 트렌드도 나오고 있다.

탐욕 또는 욕심은 인간의 본성이다. 당연히 목표를 달성하기 위한 일종의 촉진제 역할을 하는 것이 정상이지만, 절제하지 못하고 '하나만 더' 하다가 파국을 맞는 경우도 쉽게 목격되는 것 같다.

톨스토이의 《러시아 민화집》에 〈사람은 얼마만큼의 땅이 필요한 가?〉라는 내용의 이야기가 있다.

바흠이라는 농부의 절실한 소망은 '조금이라도 내 땅이 있었으면 좋겠다'라는 것이었다. 그러던 중 마귀가 바흠에게 한 가지 제안을 했다.

"네가 아침 일찍 출발해서 저녁 해질 때까지 네 발로 밟는 모든 땅 을 다 너에게 주겠다. 하지만 반드시 해지기 전 출발했던 그 장소로 꼭 돌아와야 한다."

바흠은 아침 일찍 일어나 단 한 평이라도 더 많은 땅을 가지기 위 해서 달리고 또 달렸다. 해가 지고 그는 넓은 땅을 밟고 돌아왔으나 너무 무리한 나머지 그만 숨을 거두고 말았다. 바흠의 하인은 괭이를 들고 주인을 위해 무덤을 팠다. 그 구덩이는 바흠의 머리에서 발끝까 지 단 2미터 밖에 되지 않았다. 그는 그곳에 묻혔다.

탐욕은 소위 인간의 본능이라고 한다. 그 누구도 탐욕에서 자유로 울 수 없고, 9개를 가졌건만 꼭 하나를 더 채워야 하고, 999개를 가 져 인정받는 사람조차 하나를 더 채우려고 하는, 어떻게 하던 자신의 소유를 늘리려고 하는 것이 일반적인 상황이다.

심지어 무소유를 실천하고 있다는 스님이나 신부, 목사들조차 자 신도 모르게 '본인의 성소를 크게 만들고 싶다'라고 하거나 '나의 설교나 법행이 세상에 널리 알려졌으면' 하는 욕심을 부리는 경우가 더러 있다. 기독교에서도 제일의 덕을 겸손이라고 하며 탐욕을 경계하고 있다.

　탐욕의 근원은 무엇일까? 자신을 사랑하지 않는다는 것에서 탐욕이 생긴다고 결론을 내보았다. 현재의 자신에게 만족하지 않고 무엇을 얻거나 가지고 싶다고 느끼는 것은 자신이 무언가 부족하다고 느끼는 것이 원인이지 않을까 싶다. 특히 타인과의 비교를 통해 '나는 남들이 가진 A라는 것이 없어 불행하다'라거나, 'B나 C를 가짐으로써 타인보다 더 나아질 수 있다'라며 탐욕을 멈추지 않는 것이 결국 자신을 사랑하지 않거나 자기 비하에서 비롯된 것이 아닐까.

　자신의 부족함에 집착하거나 자신의 행복을 위한다는 명목하에 소중한 인생을 소진하는 것보다는 자신을 돌아보고 사랑하는 시간을 더 많이 가지는 것이 탐욕의 질주에서 벗어날 수 있는 방법이라는 생각이 든다.

> 인생의 가장 큰 저주란 목마름이 아니라
> 만족할 줄 모르는 메마름이다.
> _송길원 목사

위기의
극복

차라리 나를
바꾼다

상황을 반전시키는
방법

우리는 가끔 자신이 처한 상황을 원망하게 되는 경우가
더러 있다.

'부모로부터 물려받은 것이 없어서 경제적으로 힘들어.'

'상사가 너무 고압적이라 회사 다니기가 싫어.'

'왜 꼰대나 기득권 세력들은 다음 세대는 생각하지 않고 자신의
이익만 챙기는 쪽으로 사회 분위기를 조성할까?'

내가 처한 사회 환경을 생각할 때 저절로 한숨이 나온다. 세상은
왜 이리도 더러울까 하면서 사회를 원망한다. 상황이나 환경을 원망
하다 변화의 조짐이 보이지 않는다면 내가 속한 조직이나 회사를 떠
나는 방법도 있겠지만, 계획 없이 무작정 회사를 떠난다는 것은 각박

한 현실에서 기의 자살행위라 할 수도 있다.

이런 경우 환경이나 상황을 원망하는 대신 '당신 자신을 변화시켜라' 하는 조언이 나올 것 같다. '당신이 모든 일의 원천이고 근원이기 때문에 당신이 바뀌면 모든 상황이 변화될 것이다!'라는 요지로 당신을 설득한다. 물론 타당한 말씀이다. 모든 일에 긍정적으로 생각하고, 나의 잘못된 습관을 고쳐나가면 어려운 상황이 반전될 수 있다.

왜 내가 처한 상황을 바꾸는 것보다 나 자신을 바꿔야 한다고 할까? 우리가 처한 사회 현실은 변화를 주기엔 엄청 복잡하기에 내가 처한 어려운 상황을 단기적 혹은 획기적으로 바꾸기는 쉽지 않다. 그렇기에 차라리 나를 바꾸는 것이 더 빠를 수 있다는 것이다.

내가 진심을 담아 건의한다고 해서 나를 괴롭히던 직장 상사가 하루아침에 개과천선하여 원만하게 업무지시를 내려줄 리 만무하다. 내가 받는 급여가 만족스럽지 않고 업무가 적성에 맞지 않는 상황이지만 갑자기 급여가 늘어나거나 업무가 나에게 맞게 바뀌지 않는다. 기득권의 이익을 대변하는데 최적화된 기존의 사회제도는 내가 피켓을 들고 광장에 나가 변화를 외친다고 할지라도 쉽사리 바뀌지 않는다. 이런 분위기에서 현재 내가 처한 상황을 바꾸는 것이 쉽게 이루어지겠는가?

물론 사회제도나 관습 등을 변화시키기 위해 도전하고, 자신의 주장을 관철하기 위해 노력하는 선각자들도 있지만, 평범한 우리는 이런 용기도 시간도 자원도 부족한 것이 현실이다. 그렇다고 현실을 인정하고 '좋은 게 좋은 것이다' 하고 타협하는 것만이 절대 좋다고는 할 수 없다. '나를 바꾼다'는 것은 내가 처한 상황이나 환경을 인정하고 이를 극복하거나, 아니면 이를 벗어나 새로운 환경이나 상황에 원만하게 적응할 수 있는 능력을 쌓아나가는 과정이라고 하겠다.

나를 바꾸어 나감으로써 어느 시점이 되면 나를 괴롭히던 외부 환경이 더는 나를 간섭할 수 없는 경지에 이르게 될 것이다. 내가 처할 상황을 스스로 만들어갈 수 있는 능력자가 되길 꿈꾸면서 지금 당장은 힘들어도 자신을 변화시키는 데에 자신의 역량을 조금이라도 더 쏟아부어야 하지 않을까. '지금 상황에선 아무것도 못 해'가 아닌 '그래도 나는 해볼 거야' 하면서 말이다.

> "난 못해"라는 말은 아무것도 이루지 못하지만,
> "해볼 거야"라는 말은 기적을 만들어 낸다.
> _kabbu(필명), 《생존》

그럼에도
불구하고

후회를
줄이는 방법

'대충 공부했는데 시험에 붙을 리가 있겠어?'

'그 기회를 잡았더라면 지금 내가 이 모양 이 꼴이 되지 않았을 텐데.'

'그때 그 사람을 떠나보내지 않았다면 나는 보다 행복한 삶을 살고 있을 텐데.'

우리는 문득 예전에 A라는 선택을 했다면, 지금 내 인생이 이렇지 않았을 텐데 하는 후회를 한다. 이에 대해 선각자들은 '후회하지 말고 미래를 보라', '과거에 대한 후회 따위는 말고 네 길을 가라'는 등의 방향 제시를 하곤 한다.

하지만 보통 사람인 우리가 어떻게 과거에 대해 후회하지 않을 수 있을까? 내 인생에 크게 영향을 미친 사건을 잊고 어떻게 미래만 바라볼 수 있을까? 이런 경우 '그럼에도 불구하고'라고 생각해 본다면 조금이나마 후회를 줄일 수 있을 것 같다.

멕시코의 수도 멕시코시티에는 '그럼에도 불구하고'라는 이름의 조각상이 있다. 이 조각상의 조각가 카포치아는 이 작품을 만들기 위해 채석장에서 대리석을 캐다가 사고를 당해 오른손을 잃었다. 조각가로서 그의 인생이 끝났다고 믿은 사람들은 당연히 그 조각상을 완성하지 못하리라고 생각했다. 하지만 그는 왼손으로 조각하는 법을 익혀 더 훌륭한 작품을 완성했고, 이런 이유로 그 조각상의 이름을 〈그럼에도 불구하고〉라고 정했다. 이는 불굴의 의지로 만들어진 훌륭한 조각상의 탄생 스토리이기도 하지만, 그것을 만든 한 조각가가 '내가 조금만 주의를 기울였어도 오른손을 잃지 않았을 텐데'라고 후회하는 대신 '그럼에도 불구하고 나에게는 아직 왼손이 남아있다'라면서 묵묵히 자신의 길을 걸어간 인간승리이기도 하다.

우리네 인생은 소위 '마음대로 되는 것이 없다'라는 것이 현실이다. 원하는 것을 얻지 못하거나 실패했을 때 그 자리에 주저앉을 수도 없고, 그렇다고 다시 도전할 의지도 생기지 않을 때는 '그럼에도 불구하고'를 생각해 보자.

원하는 시험에 불합격하더라도 '그럼에도 불구하고 그동안 이 학문을 배울 기회가 있었네.'

사랑하는 연인과 헤어지더라도 '그럼에도 불구하고 나를 사랑해주는 가족이 있네.'

취업 기회를 놓치더라도 '그럼에도 불구하고 나에게는 건강한 신체가 있으니 다른 기회가 올 것이다.'

이렇게 자신에게 남아있는 긍정적인 면에 집중해 보는 것이다.

그런데 '그럼에도 불구하고'가 어떻게 보면 자기 연민이나 자기기만을 포장해 놓은 것이 아닌가 하는 생각도 든다. 고비를 넘기지 못하고 기회를 놓친 그야말로 실패한 상황인데 '그럼에도 불구하고 나는 이런 것을 얻었네' 하면서 자기 합리화를 하는 것이 아닌가 하는 생각이다.

그렇지만 현재 상황은 변한 것이 없으나 나의 마음가짐에는 분명한 변화가 있을 것이다. 아무리 절망적인 상황이라 할지라도 정작 우리가 '그거 곰곰이 생각해 보니 뭔가 남은 게 있더라고' 하면서 조금이나마 긍정의 씨앗을 남기는 것이 다시 삶의 길을 떠날 때 보탬이 될 수 있을 것이다.

이 세상에는 결코 쉬운 길은 없고, 내 마음먹은 대로 살지 못하는 경우가 허다하다. 그렇다고 '나는 안 돼' 하면서 과거의 실패나 후회에 매몰되어 멈추어 있으면 안 된다. '그럼에도 불구하고' 조금이나마 다른 방식으로 접근해 보아야 한다. 포기하지 않고 꾸역꾸역 걸어가다 보면 예전의 후회를 만회하고도 남을 새로운 기회가 열리지 않을까.

여기 '그럼에도 불구하고'를 깊이 있게 설명한 시가 있다.

사람들은 때로 믿을 수 없고, 앞뒤가 맞지 않고,
자기중심적이다.
그럼에도 불구하고 그들을 용서하라.

당신이 친절을 베풀면
사람들은 당신에게 숨은 의도가 있다고 비난할 것이다.
그럼에도 불구하고 친절을 베풀라.

당신이 어떤 일에 성공하면
몇 명의 가짜 친구와 몇 명의 진짜 적을 갖게 될 것이다.
그럼에도 불구하고 성공하라.
당신이 정직하고 솔직하면 상처받기 쉬울 것이다.
그럼에도 불구하고 정직하고 솔직하라.

오늘 당신이 하는 좋은 일이
내일이면 잊힐 것이다.
그럼에도 불구하고 좋은 일을 하라.

가장 위대한 생각을 갖고 있는 가장 위대한 사람일지라도
가장 작은 생각을 가진 작은 사람들의 총에 쓰러질 수 있다.
그럼에도 불구하고 위대한 생각을 하라.

사람들은 약자에게 동정를 베풀면서 강자만을 따른다.
그럼에도 불구하고 소수의 약자를 위해 싸우라.

당신이 몇 년을 걸려 세운 것이
하룻밤 사이에 무너질 수도 있다.
그럼에도 불구하고 다시 일으켜 세우라.

당신이 마음의 평화와 행복을 발견하면
사람들은 질투를 느낄 것이다.
그럼에도 불구하고 평화롭고 행복하라.
당신이 가진 최고의 것을 세상과 나누라.
언제나 부족해 보일지라도
그럼에도 불구하고 최고의 것을 세상에 주라.

_마더 테레사 〈그럼에도 불구하고〉

참고 회사
다녀보기

초년생이 잔근육을
키우는 방법

　　사회생활을 하다 보니 수많은 이직과 퇴사를 목격하게 된다. 회사 생활을 좀 한 사람의 이직은 당연하니 '좋은 회사 가서 인정받고 성공하세요' 하고 덕담하면 그만이다. 하지만 갓 졸업하고 회사에 들어온 사회 초년생들이 얼마 안 되어 이직하거나 계획 없이 이상만으로 창업하겠다며 회사를 떠나는 경우도 많다.

　직장 생활을 지겹게 해본 나도 '그래 한 번뿐인 인생, 하고 싶은 것 하면서 살아야지' 하다가도 '아, 이건 좀 아닌데, 조금 더 버텨보지' 하고 생각할 때가 많다.

　사회 초년생에게 '조금 더 참고 다녀 보지' 하는 것은 안정적인 직장 생활을 하라는 것이 아니라 직장에 다님으로써 배울 수 있는 것들이 상당히 많기 때문이다. 졸업하고 꿈을 가지고 직장에 들어왔는데 현실은 시궁창이니 퇴사하고 싶은 마음이야 백 번, 천 번 이해한다. 그러나 우리 사회는 원래 더럽고 치사하기에 기초역량 없이 창업으로 뛰어들면 소위 말해 '큰일' 난다. 더럽고 힘들더라도 조금 참고 회사에서 잔근육을 키운 후 원하는 길로 뛰어들면 어떨까 하는 생각이 든다.

학교를 졸업하고 바로 창업의 길로 들어서기도 하는데, 개인적 생각에는 잠깐이라도 회사 생활을 경험하는 것이 좋을 것 같다. 갑갑하고 마음에 안 들고, 비전이 없더라도 일정 기간 직장에서 업무 및 업무 외적 일을 배울 수 있다면 도움이 될 것이다.

다음은 회사 생활에서 배울 수 있는 일들이다.

[사람의 유형] → 사람은 겉모습이나 첫인상으로는 절대 파악할 수 없기에 말투나 행동거지 등 세부 요소로 평가해야 한다. 직장에서 거래처 등 다양한 사람들을 만나 어떤 사람이 함께할 만하고, 어떤 사람이 위험한지 파악할 수 있다.

[업무 기본기] → 학생 때 아무리 엑셀 등에 능통하고 전문가 못지

않은 프로그래밍 실력을 지녔다 할지라도 실전이라는 벽은 상당히 높다. 업계에서 통용되는 기본기를 습득하고 나와야 다른 분야에서도 익힌 기본기를 활용할 수 있다. 추가로 신입사원들이 극혐하는 커피 타주기, 서류 복사하기도 어떤 면에서는 기본기라고 할 수 있다. 창업하게 되면 거래처, 특히 갑을 위해 커피도 타야 하고, 서류 복사도 깔끔하게 해서 전달해야 한다. 이런 기본이 어설프면 계약 체결은 언감생심이다.

[업무 프로세스] → 허접한 회사라도 목표 달성을 위한 고유 프로세스가 있기 마련이다. 해당 프로세스를 익혀 창업 아이템에 적용해보거나, 배울 게 없다면 적어도 '저렇게 하면 안 되겠구나' 하는 인사이트를 얻을 수 있다.

[상급자 비위 맞추기] → 창업 등을 하게 되면 어쩔 수 없이 을의 입장에서 일을 시작하게 된다. 다양한 유형의 상급자를 통해 장차 만나게 될 수많은 유형의 갑을 상대하는 요령을 배우게 된다.

별거 아닌 것 같지만, 자신의 능력이나 고유 역량을 떠나 실제 사회에서 중요하게 활용하는 노하우라 할 수 있다. 소위 '사회생활의 짬밥'이 차야 알 수 있는 내용이다. 물론 본인의 실력과 의지가 중요하지만, 겉으로 알 수 없는 세부 사항 등을 숙지하지 않고 사회라는 정글에 뛰어들게 되면 백전백패할 수밖에 없다.

우리 사회는 여전히 첫발을 들여놓는 초년생들에게는 가혹하기만 하다. 이런 상황은 단기간에는 바뀌지 않을 것 같다. 보고를 위한 보고, 말도 안 되는 사내정치, 도대체 무엇을 위한 것인지 알 수 없는 업무지시까지, 이런 일들은 과거에도 있었고 지금도 존재한다.

만약 당신이 사회 초년생이라면 현실이 각박하다고 그냥 뛰쳐나오지 마라. 호흡을 가다듬고 버티면서 힘들어도 다양한 업무 등을 경험해 보라. 그런 후에 퇴사를 결정해도 늦지 않다. 적어도 '이렇게 하면 안 되겠구나' 하는 것들이라도 배우고 나올 수 있을 테니까.

나는 실패하지 않았다.
나는 단지 효과가 없는 10,000가지 방법을
발견했을 뿐이다.
_토머스 에디슨

근검
절약

종잣돈을 만드는
확실한 방법

요즘 사는 것이 힘들다 보니 어떻게 하면 돈을 많이 벌수 있는지, 수익을 올리는 방법이 어떤 것인지에 대한 관심이 높다. 디지털 노마드, 자신의 사업 운영법, 몸값 올리기 등과 일부 성공 스토리가 맞물려 뭐라도 하지 않으면 나만 뒤처질 것 같은 느낌이 드는 것이 사실이다.

하지만 언제나 그렇듯이 내가 주식을 사면 그 주가는 떨어지고, 내 사업을 하기에는 용기가 없어 나중에 꼭 해야지 하는 이야기만 되뇐다. 다른 일을 기획하기에는 현재 해야 하는 일이 너무 바쁜, 언제 돈을 벌어 경제적 자유를 누리나 하는 한숨이 절로 나온다.

우리들 보통 사람들이 특별한 일을 기획하기는 어렵고, 성공하기는 더 어렵다. 그래서 경제분야 고수들은 약간의 종잣돈을 모아 조금씩 투자해 나갈 것을 대안으로 조언하고 있다. 당연히 우리는 종잣돈의 개념은 알고 있지만, 그 중요성이 확 와닿지는 않는다.

다음은 나의 종잣돈 관련 경험담이다.

사회생활 초기 얼떨결에 만들었던 적금을 10년 동안 무사히 간수하다 보니 1억 원이 넘는 목돈을 만들게 되었다. 정말 운이 좋았다.

목돈이 생겼으니 투자를 해보기로 했다. 재테크에 대해 아는 것도 없고, 안 쓰고 안 먹고 모은 돈이라 아무 데나 넣을 수가 없어 4%대 이자율을 주는 특판예금을 들었다. 결국은 투자가 아닌 예금이었다.

그즈음 막 개업한 공인중개사를 알게 되었는데, 그는 부동산 수익률이 투자금 대비 20%~30%는 우습다고 했다. 그의 수익률이 부러워 투자금이 얼마인지 물었다. 그는 초기 2천만 원을 투자했고, 이를 토대로 레버리지를 끌어 쓴다고 했다.

잠깐 단순하게 생각해 보니, '2천만 원의 20%=400만 원, 그러면 1억 원의 이자율 4%=400만 원이다. 수익률 20% : 4%는 비교가 안 되지만 실질 수령액은 같다'라는 결론이었다. 어떻게 보면 수익률이 낮을지라도 종잣돈의 규모가 실질 수익을 담보해 준다는 사실을 알았고, 왜 투자의 고수들이 '종잣돈, 종잣돈' 하는지 그 의미를 깨닫는 계기가 되었다.

이렇게 중요한 종잣돈을 만들기 위해서는 어떻게 해야 할까? 주식이나 부동산 투자, 사업 성공의 비밀을 찾아 다시 고민해야 하나? 성공한 사람들은 자신만의 투자비법이 있어 금방 목표한 종잣돈을 만들 수도 있겠지만, 평범한 우리가 종잣돈을 만들기 위해서는 결국 근검절약밖에 없다는 것이 내 결론이다.

투자를 통해 종잣돈을 만들 수도 있지만, 이는 수익면에서 초기 효율이 좋은 것 같진 않다. 만약 2천만 원을 투자해 10% 수익률을 낸다고 하면 연 2백만 원의 수익(세전)을 올리지만, 급여가 200만 원 정도에 절약하여 월 50만 원을 저축한다면, 연 600만 원을 확보하게 되고, 악착같이 월 100만 원을 저축하면 연 1,200만 원을 확보하게 된다. 5년 후 연 600만 원은 3,000만 원, 연 1,200만 원은 6,000만 원으로 불어나게 되고 자신이 실력이 있다면 이 종잣돈으로 다른 일을 도모해 볼 수 있지 않을까 싶다.

물론 치솟는 주거비에 고물가 등 절약해서 원하는 금액을 모으기에는 주변 환경이 정말 어려운 것이 사실이다. 그러나 지식이나 스킬이 없어도 자신의 의지만 확고하다면 큰돈이 아닐지라도 미래 투사를 위한 종잣돈을 모을 수 있지 않을까 한다. 주식 공부, 부동산 공부, 선물 및 환율/금리 공부에 비하면 단순히 지출을 줄이는 것이 상대적으로 쉬운 일이 아닐까. 내가 쓰는 지출을 조정하는 것만으로 절약이라는 명제를 달성하는 것이니까 하는 말이다.

평범한 우리가 편하게 선택할 수 있는 상대적으로 난이도는 낮지만 그 효과는 결코 무시할 수 없는 최고의 재테크 수단이 바로 '근검절약'이라는 점을 강조하고 싶다.

> 근검절약하는 사람은 가만히 행복을 즐기다가
> 향락에 빠진 사람이 손에 쥔
> 마지막 동전마저 탕진했을 때를 기다려
> 그들을 노예로 거둔다. 이것은 인류가 거쳐온
> 오랜 경험이었고 자연의 이치며 하늘의 법칙이다.
> _존 러벅

절제
하기

인생을
구원하는 방법

작가 오스카 와일드(Oscar Wilde)는 '나는 무엇이든 이겨 낼 수 있다. 단 하나, 유혹만 빼고'라고 했다. 세상에는 SNS, 도박, 음주 등 재미로 우리의 마음을 끄는 것들이 너무 많고, 이런 유혹에서 헤어 나오기 어려운 것이 현실이다.

견디기 어려운 유혹의 반대편에는 '절제'라는 단어가 있다. 누구나 한 번쯤 인생의 위기에 봉착하게 된다. 되는 것도 없고, 그렇다고 미래에 대한 어떠한 희망도 보이지 않는 막막한 현실에서 좌절하게 되는 경우다.

이런 경우 해결책으로는 '지금 할 수 있는 것을 하면서 위기를 탈출할 연결고리를 찾아라'라고 할 수 있겠다. 다른 말로 '널브러져 있지 말고 뭐든지 해봐라. 그러다 보면 길이 보이지 않겠어?'라고 하겠다. 나락에 빠진 삶을 구하기 위해 '무엇이든 해봐야 한다'라는 접근법도 있겠지만, '기존에 해오던 것을 하지 말아야 한다'는 개념으로써 '절제'를 생각해 보아야 한다.

절제는 자신이 스스로 무언가를 하지 않는 것이라고 하겠다. 여기서 무언가를 하지 않는다는 것은 '하지 말아야 할 일'과 '굳이 할 필요가 없는 일'을 안 하는 것을 의미하게 된다.

그러면 하지 말아야 할 일과 굳이 할 필요가 없는 일은 어떤 것일까. 하지 말아야 할 일은 자신의 삶에 파멸적 결과를 초래하는 마약이나 알코올 중독, 불륜 등 치명적인 사건들을 의미한다. 굳이 안 해도 될 일의 경우는 소소하지만 조금씩 우리의 삶을 갉아먹는, 예를 들어 과도한 SNS, 남들에게 잘 보이기 위한 허세, 수입을 넘어서는 과소비 등을 들 수 있다.

우리의 인생이 위기에 빠지는 경우는 '해야 할 일'을 하지 않아서보다는 '굳이 안 해도 될 일' 또는 '하지 말아야 할 일'을 자신도 모르게 꾸준히 해온 것이 쌓여 가는 중에, 어느 날 문득 자신의 인생이 나락으로 떨어진 것을 깨닫게 되는 것이다.

인생의 위기는 갑작스레 다가올 수도 있다. 예를 들어, 지진 등으로 공장이 붕괴되거나 전쟁으로 수출이 막혀 어쩔 수 없이 위기가 나타날 수 있다.

하지만 대부분의 인생 위기는 외부 환경에 의한 것이라기보다는 본인 자신이 초래한 경우가 많다. 과도한 식탐으로 인한 건강의 적신호, 과소비가 부른 감당할 수 없는 빚, 사소한 비난이 축적된 가족관계의 위기 등이다.

여기서 빠져나오기 위해서는 이제까지 내가 해왔던 행동의 반대 방향으로 움직여야 한다. 식탐의 절제, 지출의 절제, 비난의 절제 등.

인생의 위기를 벗어나기 위해서는 자신이 해왔던 부정적인 루틴이나 관심사를 절제함으로써 더는 내 삶의 상태가 악화되지 않게 하는 것부터 시작해야 한다. 절제를 통해 불필요한 것들을 덜어내면 거기에 사용되던 시간이 남는다. 그 남는 시간을 이용해 그동안 하지 않았던 새로운 것들을 할 수 있을 것이다.

그것이 좋은 결과로 이어질지 나쁜 결과로 이어질지는 알 수 없다. 그러나 적어도 그동안 나를 좀먹고 있던 일들과 시간 낭비로부터 벗어날 수 있을 것이다.

소소한 절제들이 모여 결국에는 나락에 빠진 삶을 구원하는 큰 힘이 되지 않을까 하는 기대를 해보는 것이다.

절제는 불에 장작을 넣는 것이요,

통에 음식을 넣는 것이며,

물 함지에 밀가루를 넣는 것이요,

지갑에 돈을 넣는 것이며,

나라의 신용을 얻는 것이요,

가정에 만족을 얻는 것이며,

자녀에게 옷을 입히는 것이요,

육체에 생기를 불어넣는 것이며,

두뇌에 지력을 넣는 것이요,

전신에 원기를 넣는 것이다.

_벤자민 프랭클린

감사
하기

인생의 구명줄을
잡는 방법

'감사하라, 감사하고 또 감사하라' 삶의 구루들이 계속해서 강조하는 말이다. 성경(Bible)에서도 '범사에 감사하라'라는 단어가 구약과 신약 모두 합쳐 196번 나온다고 한다. 개역 개정판을 기준으로 구약에는 132번, 신약에는 64번이나 표기돼 있을 만큼 감사한 삶을 강조하고 있다. 감사의 중요성은 불교나 유교·힌두교·이슬람교 등 여타 종교에서도 상당히 중요하게 강조하고 있다.

일본에서 경영의 신이라 일컫는 마쓰시타 고노스케는 직원들에게 수시로 '감옥과 수도원의 차이가 있다면 불평하느냐, 감사하느냐는 것뿐이다. 감옥이라도 감사하면 수도원이 될 수 있다'라며 긍정적으로 생각할 것을 주문했다고 한다. 긍정적 자세와 감사한 마음을 가지면 그 어느 것도 돌파해 낼 수 있다고 말이다.

그런데 감사의 중요성에 대해 이렇게 많은 이야기가 나오는데 도대체 감사하게 되면 어떤 것이 달라질까? 긍정적 마음가짐? 현재 생활의 만족?

우선 과학적으로 증명된 감사의 효능이다.

《감사의 과학》의 저자이자 UC 데이비스 심리학 교수 로버트 에몬스는 "감사는 스트레스 완화제 역할을 하며, 분노 및 후회 등 부정적 감정을 덜 느끼게 한다"고 말한 바 있다. 로버트 에몬스 교수는 12~80세 사람들을 대상으로 실험했다. 한 그룹은 감사 일기를 매일 또는 매주 쓰게 하고, 다른 그룹은 아무 사건이나 적게 했다. 실험 한 달 후, 감사 일기를 쓴 그룹의 4분의 3은 높은 행복지수를 보였고, 수면이나 일, 운동 등에서 더 좋은 성과를 냈다고 한다.

우리 뇌에는 '전대상 피질'이라는 부위가 있다. 이는 뇌의 감정 회로인 변연계의 핵심 부위로 일상에서 일어나는 자극 중 자신과 관련된 것에만 반응한다. 원래 우리 뇌는 부정적 감정을 쉽게 인식하는데, 감사를 계속하게 되면 전대상 피질은 감사를 중요 정보로 여겨 우리의 정신을 긍정에 집중하도록 유도한다고 한다.

또 하버드대학 탈 벤 샤하르 긍정심리학 교수는 "암을 치료하고 통증을 해소하는 호르몬 '엔도르핀'의 4000배 효과가 있는 '다이돌핀'은 감사하거나 기쁠 때 분비된다"라고 주장한 바 있다.

이런 과학적 효능 외에도 감사는 우리 인생의 마지막 보루로서도 중요한 역할을 담당한다. 우리 인생은 롤러코스터처럼 올라가고 내려가기를 반복한다. 올라갈 때는 잘 모르는데 내려가는 인생의 흐름을 만나면 그 속도가 너무 빠르고 멈추지 않고 계속 나락으로 떨어지게 되는 경우가 많다.

이럴 때는 어떻게든 현재 내가 처한 상황에서 감사한 마음을 갖도록 노력해야 한다. 절망적 상황에도 불구하고 '그래도 내게 ~한 점은 감사하네' 하는 마음을 가지면 이것이 일종의 브레이크 역할을 하여 더는 나락으로 떨어지지 않게 해주는 역할을 하기 때문이다. 일단 추락을 멈추게 되면 더는 악화하지 않을 것이고, 다시금 올라갈 수 있다는 희망도 생기지 않을까.

삶을 영위하는 데 있어 '감사하기'는 핵심 중 핵심이다. 삶을 나아지게 하는 마중물이자 절망에서 우리를 구원할 구명줄이기에.

작지만 "고맙다"라는 말속에는 마법이 들어 있다.
_아나스로에일

적절한
포기

인생의 낭비를
막는 방법

'포기는 배추를 셀 때나 하는 말이다', '절대로 절대로 절대로 포기하지 마라'는 윈스턴 처칠의 명언처럼 어떤 목표를 이루기 위해서는 실패하더라도 굴하지 말고 계속 전진하고 또 전진하라는 조언들이 많다.

그런데 불굴의 의지로 포기하지 않고 길을 가는데 도대체 결과가 안 나온다면 어떻게 해야 할까?

재수, 삼수를 넘어 도전을 거듭하는 장수 수험생, 미래 전도유망한 기술 개발로 상용화하겠다는 의지로 전 재산을 투입했는데도 원하는 성능지표를 얻지 못한 개발자, 그리고 이미 마음이 떠난 여자친구에게 계속 매달리는 가련한(?) 청년 등. 물론 주위의 비아냥에도 포기하지 않고 목적하는 바를 이룬 해피엔딩도 있지만, 끝까지 계속 도전했는데 결국 실패하고 마는 새드엔딩도 분명 존재한다.

어떠한 행위가 손실이나 실패로 이어질 것을 알면서도 지금까지 투자한 것이 아까워 그만두지 못하는 현상을 '매몰비용의 오류(Sunk Cost Fallacy)'라고 한다. 매몰비용은 이미 지불하고 난 뒤 회수할 수 없는 비용이다.

이는 콩코드 효과(Concorde effect)라는 유명한 사례가 뒷받침하고 있다. 지금은 역사 속으로 사라졌지만, 콩코드 여객기는 음속을 넘는 속도로 프랑스와 영국이 20세기 후반에 합작 진행한 프로젝트이다. 기존의 보잉 여객기보다 속도가 2배 이상 빨라 비행시간을 종전 7시간에서 3시간대로 줄인 획기적인 여객기였지만 개발 단계에서부터 전망이 좋지 않았다. 생산비 자체가 높았고, 기체에선 수많은 결함이 발견되었으며, 소음과 연료 소비량이 많아 가성비가 좋지 않았다. 하지만 영국과 프랑스는 이미 엄청난 비용을 투자한 관계로 쉽게 사업을 포기할 수가 없었다. 결국 콩코드 사업은 총 190억 달러(20조 2,300억)를 투자한 후에야 사업을 종료했다.

지금까지의 소요된 시간이나 노력이 아까워 '내가 이걸 어떻게 진행해왔는데!' 하며 자신의 실패를 받아들이지 못하고, 매몰비용에 집착하는 이들이 꽤 많다. 만약 자신이 생각하기에, 혹은 남들이 보았을 때, 부단히 노력하고 있음에도 결과가 나오지 않거나 성공하지 못할 경우라면 이 길이 맞는지 다시금 성찰할 필요가 있다. 잘못된 방향을 수정하지 않는다면 결코 목적지에 도달할 수 없기 때문이다.

그러면 자신이 잘못된 길을 가고 있다는 것을 어떻게 알 수 있을까? 그것은 실패를 거듭하고 있는 당사자가 더 잘 알 것이다. 이 길이 아님을 이미 인지하고 있으나 '그놈의 자존심' 때문에 포기하지 못하고 계속 끌고 가는 것이다.

실패에서 성공의 길로 방향 전환하기 위해서는 일단 잘못된 방향으로 가고 있는 자신의 발걸음을 멈추어야 한다. 괴롭지만 자신이 가고자 했던 길이 잘못되었음을 인정하고 깨끗하게 포기하는 것도 하나의 방법이다. 너무 멀리 가기 전 적절한 포기는 인생의 낭비를 막는 결단이기 때문이다.

그동안 추구해 오던 것을 포기한다고 모든 것이 사라지는 것은 결코 아니다. 오랜 시간 경험하고 공부한 것들은 새로운 길로 출발할 때 분명히 힘을 보태는 역할을 할 것이다.

당신의 자원을 목적에 집중시킬 줄 알아야 한다.

다르게 말하면 포기할 것과

추구할 것을 잘 구분해야 한다.

_친닝 추

할 수 있는 것을
하기

난관에서
탈출하는 방법

살아가다 보면 도저히 내 힘만으로는 해결할 수 없는 사건이나 사고를 만나게 된다. 이때 동기 부여가들은 '자신의 꿈을 위해 포기하지 말라', '역경을 딛고 일어나기만 하면 당신의 미래가 밝아올 것이다' 하는 말로 지금껏 우리를 설득해온 것이 사실이다.

그런데 굳은 의지로 이를 악물고 내게 닥친 역경을 극복하려고 하지만 무언가 나아지는 것은 없고, 의지만 소모되고 내 마음만 다친다고 느낄 때, 이런 경우에 우리는 어떻게 해야만 할까?

《탈무드》에는 '우유통에 빠진 세 마리의 개구리' 이야기가 있다.

어느 날, 세 마리의 개구리가 들판을 돌아다니다 커다란 우유통에 빠져 죽음의 위협에 직면하게 되었다. 첫 번째 개구리는 어떻게든 우유통에서 빠져나오려고 있는 힘을 다해 허우적거리다 지쳤고, 이것은 어쩔 수 없는 운명이라며 헤엄치는 것을 중단하고 죽음을 받아들였다. 두 번째 개구리는 아예 처음부터 살아야겠다는 생각을 포기했고 '신은 내가 무슨 잘못을 했다고 우유통 속에 빠져 죽게 한단 말인가'라고 신을 원망하며 죽어갔다. 그러나 마지막 세 번째 개구리는 지나치게 허우적거리지도, 살려는 마음을 포기하지도 않았다. 우유통에 빠진 현실을 직시하고 코끝을 밖으로 내밀고 앞발로 우유를 가르면서 가라앉지 않으려고 뒷다리로 계속 헤엄쳤다. 한참 동안 우유를 가르며 헤엄치다 보니 우유가 굳어 버터가 된 곳이 나타났다. 세 번째 개구리는 그 버터를 딛고 우유통 밖으로 나올 수 있었다.

우리는 어려운 문제에 직면하게 되면, 어떻게든 해결해 보려고 최선을 다하다가 넘을 수 없는 벽을 절감하고 장렬하게 산화하거나, 아예 처음부터 '나 따위가 어떻게 저런 어려운 문제를 해결하겠어?' 하며 시도하지도 않고 체념해 버리는 경우도 많다.

의지를 갖고 부딪혀 봐도 안 되고, 그렇다고 체념해 버리면 오히려 상황이 악화되는 현실에서 우리는 어떤 방향성을 가져야 할까?

어려움에 처하면 지금 할 수 있는 일들이 거의 보이지 않는 게 당연하다. 현재 할 수 있는 일이나 일부 개선책을 찾았다 할지라도 그 영향력이 미미해 아무런 도움이 안 될 수도 있다. 하지만 지금 상황이 어렵고 힘들다 할지라도 우선 긍정적이고 낙관적인 사고로 임해야 한다. 자신이 할 수 있는 일이 무엇인가를 찾아보고, 아주 작고 영향력 없다 할지라도 하나씩 실행해 나가는 것이 필요할 것이다.

세 마리의 개구리처럼 자신이 처한 상황과 현실을 인정하고 현 상황에서 자신이 할 수 있는 일들을 하나씩 해나간다면 자신도 모르는 사이에 문제를 뛰어넘을 수 있는 디딤돌이 생겨날 것이라 확신한다.

요즘 세상은 살아남기 위해 부지런히 이것저것 해야만 하는 힘든 상황이다. 너무 힘들어 발버둥 치기도 싫다 보니 '아 그냥 이렇게 살래' 해도 누가 뭐라 하지 않는다. 하지만 현상 유지만 하다 보면 뒤로 처지는 게 아니라 생사의 기로에 직면할 수도 있다. 혹시 누가 알겠는가? 힘든 현실을 인정하고 보다 나은 삶을 위해 나만의 페이스로 헤엄쳐 가다 보면 자신도 모르게 원하는 목표에 도달하게 될지.

당신이 할수 있는한 최선을 다해라.
당신이 할수 있는 것을 당신이 할수 있을 때 말이다.
그렇게 하면 당신은 반드시 성공하게 될 것이다.
_스티브 마라볼리

회피하지
않기

악순환을
끝내는 방법

사회생활을 하다 보면 여러 가지 사소한 어려움이나 문제가 생기곤 한다.

'나중에 해결하지.'

'아, 모르겠다. 될 대로 돼라.'

'이런 사소한 문제까지 내 시간을 쓸 수는 없지?'

문제에 직면했을 때 대하는 마음가짐이 이처럼 다양한데, 가끔은 가볍게 회피하려는 사람들이 많다. 그럴 수도 있지 하면서 문제를 회피하거나 무시해버리면, 그 문제는 영원히 해결되지 않은 채 시간 속에 묻혀버리게 된다.

회피한다는 것이 우리의 삶을 어떻게 망가뜨리게 될까? 문제나 어려움을 회피하게 되면, 그 문제는 해결되지 않고 그 자리에 그냥 머물고 있을 뿐이다. 그대로 놔두고 길을 가다 보면 또 다른 어려움이나 문제에 봉착하게 되는데, 한번 회피하게 되면 계속 발생하는 문제를 피하게 되는 성향이 강해진다.

회사에서 어려운 문제가 있을 때 당장 내게 영향을 미치는 사안이 아니면 묻어두거나 잊어버리기, 혹은 뭉개기를 반복할 경우 정작 중요한 일을 해야 하는 바로 그 순간 묻어두었던 문제들이 커다란 걸림돌이 된다. 친구 간 다툼이 생겼을 때도 꽁한 마음을 그 자리에서 풀지 않고 쌓다 보면 친한 친구 사이가 남보다 못한 지경이 될 수도 있다.

처음에는 사소한 문제라고 하지만 문제 회피가 누적되면 눈덩이처럼 부풀어 올라 도대체 어디서부터 손을 대야 할지 모르는 상황이 생기게 된다. 애써 하나의 문제를 해결했다고 생각했으나 해결하지 못한 또 다른 문제들이 내 발목을 붙들고 있다. 또 어찌어찌 문제를 해결하면 이번에는 발목을 잡고 있던 문제들이 내 팔을 잡고 놓지 않는 등 악순환이 계속된다.

다른 관점으로 보면 '회피하기'는 미래에 가진 내 시간을 당겨쓰는 일이기도 하다. 어차피 직면하게 될 사건의 해결 시점을 뒤로 미루어 푼다는 의미로도 볼 수 있다. 이렇게도 저렇게도 피해 보지만, 결국 만나게 되는 사안에 대해 지금 처리해야 할지 말지를 고민하게 되는, 따지고 보면 내가 가진 귀중한 시간만 소모해 버리는 결과를 초래하게 되는 것이다.

문제에 부닥치면 도망가고 싶은 것이 인지상정이다. 회피하기를 통해 시간을 많이 소모하게 되면, 정작 우리의 소망을 이루어줄 행동에 사용할 시간마저 소모해 버리는 우를 범하는 것은 아닐지.

현실은 회피할 수 있지만, 그 결과는 회피할 수 없다.
_아일랜드 무명작가

때가 오지
않았을 뿐

시간의 흐름을
이겨내는 방법

우리는 원하는 바를 성취하거나 뜻을 이루기 위해 오랜 기다림으로 시간을 보낼 때가 있다. 직장을 구하거나 고시 등 시험을 준비하거나 하염없이 데뷔를 기다리는 아이돌 연습생까지, 모두가 원하는 바를 얻고자 기다림을 감내하는 경우들이다.

살아가다 보면 우리를 괴롭히거나 좌절시키는 여러 경우가 있지만 그중 '기약 없는 기다림'이 가장 지치고 힘들게 하는 것 같다. 지금은 심하게 고생하고 있지만 언제 끝난다는 확신이나 희망이 보인다면 어떻게든 버텨나갈 힘이 생길 것이다. 하지만 긴 터널의 끝은 보이지 않고, 이 짓거리를 언제까지 해야만 하나 하는 자괴감이 들 때 우리는 절망에 빠지게 된다.

《삼국지》에서 유비는 비육지탄(髀肉之嘆) 즉, '허벅지에 살이 찐 것을 슬퍼한다'라는 표현으로 자신의 신세를 한탄했다. 사람이 세상에 나와 이룬 것 없이 세월이 흘러감을 슬퍼하는 내용이라고 한다.

유비는 힘이 없던 시절 조조에게 쫓기다 형주의 유표에게 몸을 의탁하게 된다. 유표는 신야성이라는 작은 성을 주어 유비가 머물게 했다. 당시 유표가 유비와 함께 술자리를 가지게 되었고, 술을 마시다 변소에 간 유비는 우연히 자기 넓적다리에 살이 많이 찐 것을 보게 되었다. 유비는 자신의 넓적다리를 보고 눈물을 흘리며 술자리로 돌아왔는데, 유표가 놀라서 그 이유를 물었다.

"전에는 몸이 하루도 말안장을 떠나지 않아 넓적다리에 도무지 살이 없더니 이제는 오랫동안 말을 타지 않으니 살이 올랐습니다. 세월은 덧없이 가건만 이제껏 공업(功業)을 쌓지 못하였으니 이 점이 서러울 뿐입니다."

이 이야기에 공감이 가는 점이 많다. 꿈을 가진 많은 이들이 더 넓은 세계에 뛰어들어 쟁쟁한 경쟁자들과 한번 겨뤄보고 싶지만, 기회가 없거나 때가 안 맞아서 자신의 넓적다리에 붙은 살들을 바라보며 세월이 지나감을 아쉬워하는 모습을 보곤 한다. 이루고 싶은 목표는 분명하고 열심히 하고는 있지만, 목표를 향해 올라간다는 기분보다 시간만 보내고 있다는 기분이 들 때가 있는 것이다.

허송세월도 어쩌면 성공을 향해 가는 한 방법이 아닐까. 아무것도 하지 않으면서 시간을 보내는 것은 무의미하겠지만, 좌충우돌 무언가를 꾸준히 하고 있다면 시간의 흐름 속에서 자신에게 맞는 성공법을 습득하고 있을지도 모른다. 그리고 운명의 신은 원하는 것을 바로 얻으면 오히려 해가 되는 것을 알기에 지름길보다는 굽이굽이 돌아가는 둘레길을 강요하는 것인지도 모른다.

지금도 허송세월하고 있다고 생각하는 이들이 분명히 있을 것이다. 하지만 자신이 누구인지, 무엇을 해야 하는지를 잊지 않는다면, 넓적다리 살을 보고 눈물 흘리던 유비가 돌고 돌아 결국 삼국시대의 영웅이 되었듯이 우리도 결국에는 원하는 삶을 살 수 있을 것이다.

절대 허송세월 말라. 책을 읽든지 쓰든지
기도를 하든지 명상을 하든지
또는 공익을 위해 노력하든지 늘 뭔가를 해라.
_토마스 아 켐피스

밑져야
본전

새로운 전환점을
찾는 방법

어떤 상황을 만나 무언가 해야만 할 때 '이거 해봤자 안될 텐데 왜 해야 하지?' 하는 의문이 들 수가 있다. 사회 초년생들은 기성세대의 틀에 좌절한 나머지 푸념만 늘어놓기도 하고, 새로운 도전을 해야만 하는 기성세대들도 '내가 할 수 있을까?' 하는 불안감이 실행의 걸림돌이 되는 경우가 많다.

밑져야 본전이라는 속담이 있다. 이는 이득을 보지 못했을 뿐 본전은 남아있다, 혹은 일이 잘못되어도 손해 볼 것은 없다는 말이다. 또 '손해 볼 것이 없으니 한번 해봐라' 하는 의미도 담겨 있다. 여기서 '손해날 것 없으니 한번 해봐라' 하는 의미에 눈길이 간다.

'밑져야 본전' 하고 무엇을 실행하기에는 고려할 것도, 판단할 것도 많은 것 같다. 물론 엄청난 재산을 가졌거나 명성이 높은 이들은 잃을 것이 많아서인지 많은 제약이 따르는 것 같다.

하지만 평범한 우리는 실제 잃을 것이 그리 많지 않음에도 불구하고, 잃을 것이 많다고 착각해서일까 실행 자체를 주저하고 있다. 이것을 하면 내 평판이 깎일 거야, 이걸 하면 손해나 보지 않을까 하면서 말이다.

'저 여자는 내 이상형인데 말을 걸어야 할까?' 실제 말을 걸었는데 성사가 안 되거나 무시당하면 정말 창피할지도 모른다. 그렇다고 해서 내가 잃은 것은 무엇일까?

새로운 대형 거래처를 발굴해야 하는데 내가 다니는 회사의 규모가 너무 작아서 상대 거래처가 알아 봐줄까? 제안서를 넣어야 하는데 이거 시간 낭비하는 건 아닐까? 고민해서 제안서를 넣었지만 보기 좋게 거절당했다. 이때 제안서를 쓰느라 시간은 소비했지만 그렇다고 내가 잃은 것은 뭘까?

유명인의 저서나 블로그를 보고 만나고 싶다고 메일을 보낸다. 나름 그들이 관심을 끌 만한 기법과 주제를 담은 메일을 보냈지만, 아니나 다를까 답장이 없다. 그렇다고 내가 잃은 것은 무엇일까?

이거 할까 저거 할까 고민하는 것보다 밑져야 본전, 에라 모르겠다 하면서 시도해 본들 그다지 내게 손해가 될 것이 없다는 사실을 아는 게 중요하다.

우리가 새로운 것에 도전하기 위해 하는 수많은 시도가 있을 수 있지만, 슬픈 일이지만 열심히 해봐도 안 되는 것들이 수두룩하다. '밑져야 본전' 하면서 뛰어들었는데 본전도 못 찾는 경우가 비일비재한 것이다.

그렇다고 지금 있는 자리에서 언제까지 머물 수만은 없지 않은가? 행여 지금 상황에 만족한다면 그런가 보다 할 수 있겠다. 하지만 우리 대부분은 새로운 것을 시도해 보고자 하는 열망이 크든 작든 있으리라 판단한다. 하지만 '해보았자 시간 낭비, 헛된 힘만 쓰다 끝나는 것이 아닐까' 하는 두려움이 우리가 가고자 하는 길을 막는 장애물이 되고 있다.

'내가 이것을 해도 될까?'하는 의문과 불안감이 마음 깊은 곳에서 올라올 때 '인생 뭐 있나? 밑져야 본전이지!' 하면서 과감하게 시도해 보는 건 어떨까? 이래 망하나 저래 망하나 매한가지라면 해보고 망하는 게 더 낫지 않을까 해서다. 시도해 보았지만 원했던 결과가

나오지 않았다 해도, 시도조차 하지 않았다면 얻을 수 없었던 그 무
언가를 얻을 수 있지 않을까 하는 생각이다.

신념은 현명한 도박이다.

신념은 증명될 수 없기에 밑져야 본전인 것이다.

만일 당신이 얻는다면 모든 것을 얻을 것이고,

만일 당신이 잃는다면

하나도 잃을 것이 없을 것이다.

그러므로 주저하지 말고 신념을 믿어라.

_파스칼

맨땅에
헤딩하기

자신의 역량을
키우는 방법

　'맨땅에 헤딩'이라는 말을 많이 한다. 이는 아무런 지식도 경험도 없는 상태에서 일단 들이대고 보는 정신을 비유한 용어라고 한다. 마땅한 수단이나 방법이 없다면 적어도 행동이라도 옮겨야 한다는 도전의식을 강조하는 표현이라고도 하겠다. 이것은 자신의 역량을 키우는 데 효과적인 방법이기도 하다.

　취업을 통해 직장에 다니는 것이 자신의 발전을 위한 기회라기보다는 일종의 통과의례가 된 지 오래다. 이제는 많은 사람들이 직장 생활을 통해 성공하겠다는 꿈을 꾸지 않는 것도 사실이다. 자신이 원하든 원하지 않든 결국 자신의 사업체를 운영하거나 자신의 브랜드로 승부해야 성공하는 각자도생의 시기가 도래했다고 해도 과언이 아니다. 따라서 그 각자도생을 위한 효과적 방안으로 '맨땅에 헤딩'을 제안해 보고자 한다.

회사 내에서의 맨땅에 헤딩은 업무와 관련 완전 백지상태의 상황에 맞닥뜨린 것을 의미한다. 다시 말해 기존에 있었던 자료도 없고, 누구의 도움도 받을 수 없는 상황이다. 맞든 안 맞든 혼자 기획하고, 그것이 맞는지 검증하는 과정도 거치고, 자원을 어떻게 끌어와야 할지, 인력 배분은 어떻게 해야 할지, 효율적 수행 방안을 찾는 등 진짜 A부터 Z까지 모든 과정에 관여하게 된다. 그 과정에서 체력이 고갈되고 마음은 황폐해지지만, 성공과 실패를 떠나 하나의 업무나 분야를 거시적, 미시적으로 처리해 낼 수 있는 역량이 쌓이게 된다.

새로운 프로젝트를 맡거나 해보지 않는 업무를 진행하게 되면 일단 아무것도 모르는 상태, 소위 '맨땅에 헤딩' 하는 경험을 하게 된다. 이런 경우 고생은 고생대로 하고, 일은 똑바로 못했다고 욕은 욕대로 먹는, 그래서 내가 무슨 영화를 보겠다고 이 짓거리를 한단 말인가 신세 한탄을 하는 상황이 되기도 한다. 하지만 목구멍이 포도청이라 회사를 때려치우지도 못하고, 울며 겨자 먹기로 일단 벌여놓은 일들을 수습하다가 보면 어느덧 프로젝트가 마무리된다. 그렇다고 회사에서는 절대 좋은 소리는 못 듣고, 혹 성과를 냈다고 해도 수고했다는 한마디가 고작이다.

그럼에도 불구하고 조직을 떠나 자신만의 일이나 프로젝트를 해나갈 때, 이미 짜놓은 틀에서 업무를 진행한 경험보다는 맨땅에 헤딩하면서 얻었던 경험들이 바로 실전에 적용할 수 있는 것이 현실이다. 새로운 프로젝트 수행에 대한 구조를 짜거나 자원을 모으거나 배분할 때 생각보다 몸이 더 빨리 반응하는 것을 느낄 수 있을 것이다.

새로운 업무를 만났을 때를 대비한 역량을 키우는 일이라 생각하고 마음 편하게 맨땅에 헤딩 해보길 권한다. 만약 짜놓은 틀에서 움직이는 조직 내 삶에 만족한다면, 이 또한 결코 나쁜 선택이 아니기에 굳이 '맨땅에 헤딩'할 필요는 없다. 그러나 본인만의 영역을 개척하여 새로운 세상을 향해 나아가겠다고 결심한다면 반드시 맨땅에 헤딩하는 경험이 필요할 것이다. 이를 통해 타인에게 인정받는 역량을 키워나갈 수 있을 것이라 확신한다.

> "뭐가 무서워, 그냥 하는 거지. 난관이 이것만 있겠어?"
> _박명수

용기있는
삶

세상과 맞서는
방법

우리는 저마다 가진 꿈은 있지만 '할 수 있을까' 하는 두려움에 포기하고, 일상에 순응하며 사는 경우가 대부분이다. 한때 '용사여 깨어나라!'라는 멘트가 유행한 적이 있다. 여기서 용사는 대단한 용기로 남들이 하지 못하는 일을 벌이거나 어떤 난관에도 굴하지 않고 결국 이겨내는 자를 말한다.

용사의 기본 덕목은 '불굴의 용기(勇氣, 영어: courage)'인데 이에는 여러 가지 의미가 있다. 그중에서 '용기는 잘못된 것에 대한 위험이 마음속 생각을 통해 정해졌을 때의 숙연함'이라는 의미가 단연 관심을 끈다. 살아가면서 누구든 '아, 이건 아닌데' 하면서 한번 바꿔 보고 싶다고 생각하게 되지만 결국은 제자리다.

예를 들어, '지금 하고 있는 일이 나와 맞지 않은데 먹여 살릴 처자식이 있어 원하는 걸 시도할 수가 없네', '아무리 생각해도 전공이 나와 안 맞는데 부모님의 기대를 저버릴 수도 없고, 그동안 해온 것도 아까워 그냥 붙들고 있네', '창업을 하고 싶은데 수입이 일정치 않고 여러 문제에 직면하게 되면 내가 해낼 수 있을까' 하며 포기하게 된다. 무언가 잘못되었다는 것은 알지만 '그래 남들도 이렇게 사는데 내가 뭐 특별하다고, 모난 정이 돌 맞는다고 남만큼만 하고, 시류에 편승하면서 조용히 살자' 이렇게 자조를 하게 된다.

자신의 길을 정하거나 변경하는 것에는 엄청난 용기가 필요할지도 모른다. 주위의 시선, 경제적 문제, 자신에 대한 불신 등 넘어야 할 거대한 장애물이 많다. 또 원하는 길을 간다고 해서 나중에 행복하다거나 성공한다는 보장도 없다.

스티브 잡스같이 자기가 하고 싶은 일을 하면서 성공하는 경우가 얼마나 있을까?

인생의 방향을 바꾸는 것은 너무나 큰 리스크를 감내해야 하므로 쉽게 실행하기가 어렵다. '네 삶이 그 모양인데 바꿔봐야 하지 않겠어?'라고 남 말 하기는 쉽다. 그렇지만 용기를 내었다 해도 막상 어려움에 직면하다 보면 그냥 원래대로 돌아가는 경우가 대부분이다. 원래 위험을 감수하는 자체를 지독히 싫어하는 존재가 인간인지라 변화를 위한 용기 대신 현상 유지를 선택했다고 해서 비난할 수도 없는 노릇이다.

그럼에도 불구하고 내 삶의 변화가 필요하다면 용기를 내어 맞서 봐야 하지 않을까? 한 번뿐인 인생, 재미없이 살다 후회하면서 눈 감는 경우와 용기를 내서 원하는 것을 실행했지만 결과가 나빠서 후회하는 경우, 이 중에서 어느 것이 더 가치가 있을까.

이 험한 세상을 살아가고 있는 우리는 모두 잠들어 있는 용사들이다. 조용히 숨어 살던 용사가 다시 용기를 내어 세상과 맞서 싸울 때 그 결과가 좋든 아니든 궁극의 가치를 찾을 수 있을 것이다.

> 신의 숨겨진 뜻은 우리의 노력에 달려있다.
> 우리의 용기가 우리의 가장 훌륭한 신이다.
> _존 플레처

새로운 것에 대한
두려움 떨쳐내기

첫 고비를
넘기는 방법

직장에서 새로운 업무를 맡게 될 때, 새로운 진로를 찾아 출발점에 서 있을 때, 우리는 새로운 것에 대한 기대와 설렘이 있기도 하지만, 잘 해낼 수 있을까 하는 두려움에 휩싸이기도 한다. 새로운 일을 시작하기 전 찾아오는 첫 번째 고비를 잘 이겨내느냐 아니면 두려움에 물러서느냐가 일의 성패에 큰 영향을 미치게 된다.

새로운 것을 시도할 때마다 우리를 주저하게 만드는 두 가지 두려움이 있다. 첫 번째는 익숙함으로부터 멀어지는 두려움이고, 두 번째는 미숙함에서 기인하는 비판에 관한 두려움이다.

우리는 새롭게 시도하는 것에 무의식적으로 거부반응을 보이곤 한다. 이런 거부반응에 대해 뇌과학은 이렇게 설명하고 있다.

우리의 뇌는 새로운 것을 시도해서 성공할 확률보다는 실패할 확률에 가중치를 더 부여하는 경향이 있다고 한다. 우리의 뇌는 새로운 것을 시도하는 경우 더 많은 에너지를 소비해야 하므로 에너지 소모를 최소화하기 위한 행동으로 익숙한 방향으로 의사결정을 유도하게 된다. 이러한 일련의 과정들이 우리가 익숙한 것에서 멀어질 때 두려움을 느끼게 한다고 한다.

또 사람들은 때때로 자신의 행동에 대해 타인의 시선을 의식한다. 새로운 분야에 돌입하게 되면 그 분야를 잘 모르기에 미숙함이 생길 수 있다. 그 미숙함으로 인해 받게 될 타인의 평가나 비판이 두려워 새로운 일보다는 기존에 하던 일에만 머무는 상황이 발생하게 된다.

그렇다면 새로운 도전에의 두려움을 떨쳐내기 위해서는 어떻게 해야 할까?

우선 타인의 시선을 두려워하지 않고 당당해질 필요가 있다. 특히 회사에서 새로운 업무를 배정받았거나 다른 분야의 일을 처음 접하게 될 경우, 어쩔 수 없이 버벅거리며 업무를 진행하게 된다. 하지만 사회라는 곳은 매정해서 당신이 초보라는 사실은 무시하고 '당신 뭘 모르네', '일을 이렇게 처리하면 안 되지요' 등 인정사정없는 멘트가 날아와 마음에 상처를 입히는 경우가 허다하다.

이럴 때면 '나는 이 업무가 맞지 않나 봐', '나는 하던 거나 할래' 하고 좌절하거나 기존 업무로 돌아가려는 경우가 다반사다. 하지만 '내가 익숙하지 않을 뿐이지 기본역량이 부족한 건 아냐' 하며 힘든 과정을 버텨내면서 새롭게 배워 나가야 한다. 그러다 보면 어느 순간 일정 수준에 도달하게 되고, 역량이 부족하다고 비판하던 사람들이 모두 사라지게 되는 신기한 상황이 일어난다.

아울러 새로운 것에 도전해야 살아남는다는 명제 하에 무모하게 도전하는 것도 한 번쯤 생각해 봄 직하다. 우리의 뇌는 새로운 것을 싫어한다고 하니 우리 자신을 피할 수 없는 처지로 몰아넣어 보는 것이다. 그리하면 싫든 좋든 새로운 것에 적응하기 위해 노력하게 되고, 고생해서 새로운 분야에 적응했는데, 알고 보니 이 분야가 내가 가야 할 길임을 발견하는 계기가 될 수도 있다.

미국의 미래학자 스콧 스타인버그는 '지속적인 성공을 가로막는 가장 큰 장애물은 시간이나 돈, 자원이 아니라 변화에 대한 저항과 리스크를 감수하려는 성향 부족'이라고 지적한 바 있다. 새로운 것을 시도하는 과정에서 나타나는 두려움은 당연한 것이다.

하지만 '그래 나 부족하다 어쩔 건데' 하는 당당함과 '나는 새롭게 이 길을 가야만 한다'는 결연한 각오, 이 두 가지가 충만하다면 두려움을 떨쳐내는 방법으로서 더할 나위가 없을 것이다.

쉬운 일도 신중히 하고, 곤란한 일도 겁내지 말고
해보아야 한다. 첫 고비를 두려워하기 때문에
능히 할 만한 일을 어렵다고 해서 하지 않는다.
_《채근담》

일단
긍정

어떻게든
해내는 방법

　　사회생활을 하면서 자신의 역량으로는 도저히 해결할
수 없을 것 같은 문제를 만나는 경우가 종종 있다. '저거 모르는데' 하
는 무지에 대한 공포, '내 실력으로는 어림없지' 하는 의구심이 드는
순간 십중팔구 좌절한다. 그런데 일부 용기 있는 사람들은 '뭐 일단 해
보고 고민하자' 하면서 밀어붙이기도 한다.

　'일단 해보자'하는 긍정의 개념은 '할 수 있다'라는 자기 확신적 긍
정과는 다른 개념이다. '할 수 있다'가 자기 자신에 대한 무한 가능성
을 믿는다는 개념인 반면, '일단 해보자'는 직면한 문제에 대해 회피
하지 않고 긍정적으로 도전하는 개념이라 할 수 있다.

'일단 해보자'라는 경우는 대형 프로젝트를 수주하기 위해 고군분투하는 영업조직에서 많이 나타나는 상황이다. 예를 들어, 정부 부처나 글로벌 기업의 수주 관련 대형 프로젝트를 수행하면서 해당하는 기술이나 역량이 부족함에도 '걱정 마라, 우리는 해낼 수 있다' 하면서 계약을 수주하는 경우다. 어떻게 보면 사기라고 할 수 있지만, 실제 허풍을 친 후 수많은 시행착오와 마주하게 되겠지만, 결국 프로젝트를 완수하는 경우를 심심치 않게 볼 수 있다.

　'일단 해본다'와 관련하여 고 정주영 회장의 일화가 유명하다. 1952년 2월, 미군은 국내 주요 기업들에게 "아이젠하워 대통령의 방한 일정에 UN 묘지 참배가 있으니 잔디를 심어 달라"라고 요청했다. 하지만 우리나라의 2월 추위는 영하 10도 이하 혹한의 날씨라 잔디가 자랄 수 없었다. 미군의 요청을 받은 국내 많은 업체들이 고사했지만, 정주영 회장만이 이 요청을 받아들였다. 그는 '일단 해보겠다' 하고 고민하던 중 잔디와 비슷한 한국의 보리 새싹을 떠올렸다. 결국 그는 잔디 대신 겨울에도 푸른 싹을 틔우는 보리를 묘지로 옮겨심어 해당 행사를 잘 마칠 수 있었다고 한다.

　해당 사안에 대해 아예 모른다고 할지라도 '일단 해보자'는 긍정의 마음가짐을 가지게 되면 자신이 가진 지식, 네트워크, 역량을 총

동원하여 프로젝트를 수행하기 위한 다양한 방법을 고민하게 된다. 그러다가 해낼 방법을 찾게 되고, 문외한이었던 자신이 갑자기 전문 가로 인정받는, 자신도 모르는 사이에 해당 업무를 수행할 역량이 갖추어지게 되는 것이다.

　인생에서 승부를 걸어야 할 때, 아니면 도저히 해내기 어려운 일에 직면하게 될 때, 주눅 들어 포기하는 대신 '일단 해보자, 잘될 거야' 하는 긍정적인 자세로 업무나 일에 매진해 보면 어떨까? 끝내 시간과 에너지만 낭비하고 주위에서 '너는 능력도 안 되면서 왜 한다고 했냐?' 하는 비난이 쇄도할 수도 있다. 그래도 일단 해보는 긍정의 태도를 통해 크게는 자신의 역량을 뛰어넘는 결과를 창출할 수도 있고, 만약 실패하더라도 어떻게든 문제를 해결하려고 노력했던 과정에서의 경험들이 자신을 한 단계 업그레이드시켜 줄 것이다.

> 계속 걷다 보면 생각지도 않게
> 발에 걸리는 기회를 만날 수 있다.
> 나는 가만히 의자에 앉아있는 사람의 발에
> 무언가 걸렸다는 이야기를 들어본 적이 없다.
> _찰스 케터링

일단
해볼 것

삶을 개척하는
방법

취업 준비생이나 학생들은 막연히 어느 회사에 가고 싶다거나 어느 대학에 가고 싶다고 생각한다. 이때 어떤 분야가 자신에게 맞는지 MBTI나 적성검사를 받아 보기도 하지만, 결코 무엇을 해야 할지 의문점이 풀리지 않는다. 이런 경우 취준생 등에게 '일단 무엇이든 해보라'라고 조언하고 싶다.

성공하려면 실행하라고 하는데, '일단 무엇이든 한번 해보는 것'은 약간 의미가 다르다. '무엇이든 한번 해보기'는 내가 목표한 것을 이루는 방법이 아니라 인생의 방향을 정하는 한 방법이 될 수 있기 때문이다.

가끔 웹툰 작가 지망생을 만날 기회가 있다. 네이버 웹툰 연재 작가의 평균 연봉은 2억 8000만 원이고, 신입 작가의 연봉도 1억 5000만 원 수준이라고 한다. 이렇게 전도유망한 웹툰 작가가 되기 위해서는 ① 시나리오 짜기, 연출에 대한 공부 ② 짧은 콘티 만들기, 심화 시나리오 제작 ③ 긴 콘티 만들기, 그리게 될 웹툰 기획하기 ④ 원고 만들기 등의 과정을 거쳐 공모전이나 웹툰 플랫폼에 작품을 제출하게 된다.

대부분 지망생들이 단계를 밟아 공모전에까지 도전해 가는 반면, 일부는 '나는 완벽한 상태로 도전할 거야' 하면서 콘티만 잡아놓고 수정을 거듭하거나 고민만 하며 시간을 보내기도 한다. 그런데 일단 공모전에 제출하든 플랫폼에 올리든 콘티나 원고를 짜보는 과정을 거쳐야 웹툰의 방향성을 잡아나갈 수 있다. 하지만 생각만 하고 수정만 하다 실행하지 않는다면 무엇을 기대할 수 있을까? 제대로 시도해 보지도 않고 '웹툰 작가로 성공할 수 있을까' 고민만 하는 작가 지망생들을 보면 안타깝기만 하다. 완벽하지 않더라도 일단 원고를 완성한 후 평가를 받아봐야 자신의 단점을 보완할 수 있다. 또 웹툰 작가가 되기 위한 전 과정을 거쳐봐야 자신이 웹툰 작가와 적성이 맞는지 아닌지 알게 되고, 더는 시간 낭비하지 않고 다른 길을 찾아 나서는 계기가 될 수도 있다.

살아가는 동안 이렇게 사는 게 맞을까 하는 생각이 들 때가 있다. 나아가 '나는 어디로 가야 할까, 무엇을 해야 할까?' 하는 의문이 들 때도 종종 있다. 인생의 방향이나 길을 곰곰이 생각해 보다가 '도대체 어찌할 바를 모르겠다'라는 푸념이 나오기도 한다. 즉, 인생의 목표와 방향을 잃어버리게 되는 상황이라 할 수 있다.

이럴 때일수록 그게 무엇이든 앞뒤 재지 말고 일단 해봐야 한다. 일단 해봄으로써 막연하게나마 가진 생각이 맞는지 검증해 볼 수도 있고, 생각지도 않던 다른 길과 연결이 될 수도 있다. 즉 생각하고 고민하는 것도 중요하지만, 일단 길을 떠나는 것이 더 중요하다는 점을 말해주고 싶다.

JFD(Just Fucking Do It)

'제길, 일단 해봐'

_댄 페냐

성취될 미래에 대한
확신

삶의 목표를
달성하는 방법

한때 론다 번의 《더 시크릿 - 끌어당김의 법칙》이 대유행한 적이 있었다. 긍정적인 생각과 간절한 믿음이 강력한 힘을 발휘한다면서 '간절히 원하면 이루어진다'라는 내용으로 많은 이들을 그 열풍에 동참하게 했다. 그런데 열심히 바라고 또 원했지만, 자신의 삶이 바뀌지 않아서인지 시크릿의 열풍은 사그라들고 말았다.

그런데 여기서 '끌어당김의 법칙'을 통해 긍정의 중요성이 부각되었고, 약 150년 전 프랑스 약사 에밀 쿠에가 제창한 긍정적 자기암시가 떠오르게 되었다. 나의 모든 것이 점점 더 좋아지고 있다, 내 꿈은 최고의 타이밍으로 실현되고 있다, 즉 어퍼메이션(affirmation : 자기 확언) 개념이 자기 계발의 핵심요소로 떠오르게 된 것이다.

이와 비례하여 끌어당김의 법칙도, 자기 긍정도 좋은데 삶의 목표를 달성할 수단을 어떻게 확보할 것인가 하는 질문도 생기게 되었다.

이에 대한 대안으로 노아 세인트 존 박사가 주장한 '어포메이션 (afformation)'이라는 개념이 있다. 어포메이션(afformation)은 미래에서 현재로 질문하는 확언법인데, '나는 어떻게 하면 행복하게 성공할 수 있을까?'와 같이 현재에서 미래로 하는 질문이 아닌, 이미 성취된 미래에서 현재로 하는, '나는 어떻게 이렇게 행복하게 성공할 수 있었을까?' 하는 방식으로 질문을 던진다고 한다.

자신의 꿈이 이루어졌다는 상태에서 이렇게 질문을 던지면 우리 뇌는 무의식적으로 그 질문에 대한 답을 찾기 위해 작동하고, 우리가 원하는 미래를 현실화하는 방안을 찾아 나간다고 한다. 우리 뇌의 90%는 잠재의식에 활용되는데 평소 뇌가 멍하게 있는 것 같지만 우리가 무심결에 뇌에 입력한 명령들을 처리하고 있다는 것이다.

카네기멜론대학교(CMU)의 연구원들이 발견한 내용에 따르면, 뇌는 우리가 어떤 일을 하고 있는 와중에도 주어진 문제를 해결할 수 있다고 한다. 즉, 우리가 어떤 문제에 대해 고민하는 것보다 잠재의식에 맡겨 이를 처리하게 하는 것이 더 나을지도 모른다는 것이다.

삶은 끊임없이 우리 스스로가 던진 질문에 대한 답을 찾아가는 과정인 것 같다. 우리가 너무 바쁜 나머지 무엇을 원하는지, 어떤 길로 가고 싶은지에 대해 질문할 겨를도 없이 주변 환경에 휘둘리며 살아가고 있다. 불행 중 다행으로 원하던 질문을 찾아낸다고 해도 어떻게 해야 원하는 답변을 얻을 수 있을지 고민하는 것도 당연하다.

어포메이션이나 우리의 잠재의식을 활용하는 것도 우리가 원하는 미래를 개척하는 가장 확실한 방법이 아닐지도 모른다. 하지만 우리가 깨어있으면서 하는 여러 고민에 대한 해법을 우리의 뇌나 잠재의식이 함께 찾게 함으로써 주어진 부담을 조금이나마 덜어낼 수 있다면 그것만으로도 가치 있는 일이 아닐까.

우리의 긍정적 미래에 대한 확신! 예를 들어, 나는 이미 큰 부자인데, 내가 부자가 되기 위해 어떤 일을 했더라? 상상하는 것만으로 혹시 아는가, 우리 뇌의 잠재의식이 그 방법을 찾아내 줄지.

> 오랫동안 꿈을 그리는 사람은
> 마침내 그 꿈을 닮아간다.
> _프리드리히 니체

경제적
자유

남이 짜놓은 판에서
벗어나는 방법

최근 '경제적 자유'에 대한 이야기가 많고, 대부분 이 경제적 자유를 달성하기 위해 고군분투하고 있다. 경제적 자유란 '근로소득뿐만이 아니라 주식·부동산·코인 등 다양한 재테크 수단을 활용하여 부가수익을 창출하거나, 다단계 혹은 블로그, 온라인 스토어 등을 활용하여 빠른 속도로 보유자산을 늘려 자신이 원하는 삶을 살아가는 것'을 의미한다. 경제적 자유를 한마디로 정리하면 '얼른 돈을 많이 벌어 돈 걱정 없이 살아가는 상태'라고 해도 무리가 없을 것 같다.

경제적 자유에 대한 다른 의미로 '남이 짜놓은 판에서 벗어날 수 있는 방법'이라고 생각해 보고 싶다. 경제적 자유를 이룬다는 것은 단순히 돈을 많이 버는 것이 아니라 한정되거나 적더라도 기득권이나 타인이 짜놓은 틀에서 벗어날 수 있는 수입을 창출하는 상태라고 하겠다.

직장인들의 경우 다니고 있는 회사를 그만두고 싶지만, 가족을 부양해야 하거나 대출 등이 남아있어 소위 '죽지 못해 다니는' 경우도 허다하다. 회사나 조직의 횡포에 질려 과감하게 사표를 던지고 창업할 수도 있지만, 자신의 능력에 대한 검증도 어떠한 기반도 없는 상태에서 바로 맨땅에 헤딩하는 것은 곧바로 미래 소득에 대한 심각한 부작용을 초래할 수 있기 때문이다.

직장인이 회사로부터 받는 급여나 수익이 아닌, 투자나 부가 활동 등으로 월 100만 원 정도의 별도 수입이 있다고 가정해 보자. 만약 최소한의 경제적 자유가 없는 경우라면 하는 수없이 계속 고민하고 괴로워하면서 회사라는 남이 짜놓은 틀에서 계속 쳇바퀴를 돌려야 하는 상황이 이어질 수밖에 없다. 하지만 이 돈을 잃어버린다고 해도 '길바닥에 나앉는' 최악의 상황은 면한 상황이니 충분하진 않겠지만 다른 방향으로 투자해 볼 기회로 삼을 수도 있겠다.

경제적 자유를 달성하기 위한 경제적 액수는 개인차가 있으니 특정해서 말하긴 어렵다. 또한 어떤 방법, 어떤 태도를 지녀야 할 것인지 제시하는 것도 힘들지만, 분명한 것은 현재의 삶에서 약간의 희생이 뒤따라야 한다는 점은 분명하다.

경제적 자유를 이룬답시고 아끼고 절제하고 계속 도전하기만 한다면 인생 자체가 솔직히 재미가 없을 수도 있다. 우여곡절 끝에 성공하게 되어 고생했던 과거가 즐거운 추억으로 남을 수 있다면 좋겠지만, 그 터널을 지나는 과정은 힘들고 어려울 것이다.

요즘 사회는 개인의 본질적이고 숨겨진 가치보다는 확연히 보이는 모습들, 즉 어떤 브랜드를 사용하고, 특정 유행을 따라 힙하게 보여야지만 인정받는 세태가 되었다. 그러다 보니 이를 무시하고 경제적 자유에만 집중하기란 어려운 것이 현실이다. 남의 시선을 신경 쓰지 않는다고 하지만 인스타그램에 올라온 타인의 멋진 모습을 보게 되면 허리띠를 졸라맨 자신이 처량하게만 보인다. 경제적 자유를 이루려는 노력을 '티끌 모아 티끌'일뿐이라고 한탄하면서 자유로 가는 길을 포기하고 현재의 만족에 집중하는 자신으로 되돌아오곤 한다.

현재의 만족과 미래의 자유, 이 중 하나를 선택하기란 정말 어려운 것 같다. 현재에 만족하는 삶을 추구하자니 미래에 대한 불안감이 엄습하고, 미래를 대비하여 현재를 희생하자니 나중에 '이런 것들을 해보았으면 좋았을 텐데' 하고 후회할 수도 있다.

당연히 어려운 선택이겠지만, 나라면 미래를 위한 현재의 희생을 택할 것이다. 나 또한 경제적 자유를 이루었다기보다는 그 길을 향해 가고 있는 중이다. 물론 나중에 지금 못해 본 것에 대한 후회가 분명 있겠지만, 그럼에도 불구하고 더는 '남이 짜놓은 판'에서 남의 규칙대로 살기가 싫어서이다.

자신이 벌어서 자기만족을 위해 소비한다는 것에 대해 그 누가 토를 달 수 있을까? 하지만 현재의 만족도 중요하지만, 타인이 짜놓은 판을 하루라도 빨리 탈출하는 것, 이를 이루기 위한 기반이 '경제적 자유'가 아닐까.

> 약 15년 동안 프로농구 선수로 생활하며
> 열심히 돈을 모았어. 그래서 내가 가장 행복한 게
> 뭔지 알아? 명품을 사는 것도
> 값비싼 음식을 먹는 것도 아닌
> 돈 때문에 자존심을 버리지 않아도 되는 것이야!
> _서장훈

실행의
힘

\

현실에
안주하지 않는 방법

세월이 하 수상하니 많은 이들이 뒤처지지 않기 위해 자기 계발에 열중하게 되고, 책을 읽거나 성공한 사람들에게 조언을 구하는 일이 많다. 대부분의 자기 계발서에는 '~을 하라, ~태도를 지녀야 한다'는 등 지극히 당연한 말씀들이 나열되고 있다. 하도 이래라저래라하니 이제는 외울 지경이다. 그렇다고 이를 통해 새로운 삶을 살게 되었다는 사람을 찾기란 극히 힘들다. 정작 성공한 사람들이라면 해당 서적이 대박이 난 작가나 출판기획자들이 아닐까 싶다.

더러는 좋은 책을 읽고 새로운 인생을 개척했다는 이들이 존재하는 것도 사실이다. 좋은 이야기를 듣고 어떤 이는 발전하고, 어떤 이는 제자리에 머물러 있는 가장 큰 차이점을 들자면 바로 '실행의 유무'라고 할 수 있겠다. 대부분 아, 이거 해봐야지 하고 머릿속에서만 생각할 뿐 정작 실행에 옮기지 못하는 경우가 허다하기 때문이다. 그러다 보니 최근 자기 계발의 트렌드는 '~하라'는 것에서 '~를 해야 한다'로 바뀌고 있는 것 같다. 예전에는 성공하기 위한 방안을 알려주었다면, 지금은 실행을 강조하는 방향으로 바뀌고 있는 것이다.

성공할 가능성이 보이는 사람들은 어떤가? 다이어트에 성공하는 사람은 일단 운동을 시작한다. 유튜버로 성공하는 사람은 내용이 부족할지라도 일단 콘텐츠를 올리는 일부터 시작한다. 작가로 성공하는 사람은 일단 콘티를 짜고 글쓰기를 시도할 것이다. 일단 작은 일이라도 시작하고 실행하는 사람이 아무것도 안 하고 머릿속에서 원대한 꿈만 꾸는 이들보다는 성공할 확률이 높다.

물론 생각한 것을 실행에 옮기는 것은 힘든 일임이 분명하다. 심리학자 피어스 스틸의 저서 《결심의 재발견》에 의하면 본능과 감정을 좌우하는 뇌 변연계가 의지와 인내심을 발휘하는 전두엽 피질보다 먼저 진화된 관계로, 목표를 추구하는 전두엽 피질이 변연계의 욕망에 밀리게 되면 현재에 안주하게 된다고 한다. 여기서 순간의 편안함이나 게으름을 추구하는 것은 인간의 본능이라 할 수 있다.

그럼에도 불구하고 자신의 변화와 목표를 달성하기 위해서는 일단 한 발을 내디뎌야만 한다. 처음부터 변하는 것은 없겠지만 굳게 마음먹고 출발하여 멈추지 않고 간다면 결국 목표했던 곳에 도달하지 않을까.

고 정주영 회장의 '한번 해봤어'라는 유명한 말도 현실에 안주하지 말고 도전하라는 이야기이다. 이를 살짝 틀어 본다면 '성공하고 싶다고 하면서 목표하는 일을 시도해 보기나 했어?'라는 말로 해석해도 무리가 없는 것 같다.

지금 당장은 일에 치이거나 보이지 않는 벽에 막혀있다는 느낌이 들 수도 있다. 하지만 무엇이 되었든 자신이 생각한 바를 실행에 옮기고 '나는 나중에 ○○가 되어있을 거야' 하며 즐거운 상상을 해보는 것은 어떨까? 미래는 꿈꾸는 사람들의 것이라고 하니까.

> 출발하기 위해 위대해질 필요는 없지만
> 우선 출발부터 해야 한다.
> _레스 브라운

다시
일어서기

새롭게 시작하는
방법

　　많은 이들이 목표를 세우고 나름 모든 것을 걸고 열심히 달려가지만, 좌절의 아픔을 겪는 경우가 허다하다. '다시 일어설 수 있을 거야! 포기하지 마라'는 말로 격려하지만 정작 당사자들은 너무 지친 나머지 길을 잃고 방황하기도 한다.

　　좌절했다 다시 일어나는 것과 관련하여 '권토중래((捲土重來)'라는 고사성어가 있다. '흙[土]을 말면서[捲] 다시[再] 온다[來]'는 한자에서 흙을 만다는 것은 군대가 진격하므로 해서 뿌옇게 흙먼지가 일어나는 상황을 표현한 것이라고 한다.

'권토중래((捲土重來)'는 한나라 유방과의 천하를 건 결전에서 패배하고 비극적 최후를 맞이한 초나라 항우의 고사에서 유래했다.

항우가 유방에게 패해 막다른 골목에 몰렸을 때 자신의 본거지인 강동으로 후퇴한 뒤 전열을 가다듬어 다시 싸웠다면 결과가 달라졌을지도 모르는데, 너무 좌절한 나머지 자결을 택한 안타까움을 표현한 고사이기도 하다.

꼭 항우가 아니라도 우리 대부분이 목표하는 일에 실패하게 되면 세상이 나를 버렸다, 이제 희망이 사라졌다며 슬퍼하고 좌절한다. '뭐 그럴 수도 있지' 하고 훌훌 털어버리는 것은 아주 드문 경우라 할 수 있다.

흔히 문제가 생기거나 실패할 경우 그 원인이 자신에게 있으니 자기반성과 성찰을 통해 부족한 부분을 보완하여 다시금 전진하라고 조언한다. 맞는 말이긴 하지만, 막상 실패하게 되면 슬픔과 괴로움에 빠져 자신을 추스를 여유조차 없는 것이 일반적 상황이다.

이럴 때 가끔은 남 탓이나 환경 탓을 할 필요도 있다. 아직 때가 오지 않았다거나, 나 같은 인재를 못 알아보다니 하면서, 자책 대신 자신을 위로해 보는 것이다.

물론 자신을 위로한다고 해서 지금의 상황이 바뀌지는 않겠지만, 우울한 마음이나마 조금이라도 밝은 쪽으로 돌려놓아야 다시 걸어갈 수 있지 않을까?

대신 이러한 남의 탓, 환경 탓은 되도록 짧게, 그리고 얼른 자신의 페이스를 찾아 다음 단계를 준비해야 한다. 계속해서 외부의 영향만을 탓하다 보면 다시 시작할 힘이 모이지 않으니까.

역경, 좌절에 낙담하지 않고 원래대로 돌아오거나 상태를 더 개선할 수 있는 정신적 힘을 의미하는 '회복탄력성'이라는 말이 있다. 좌절에 대응하는 힘을 기르는 것이 중요하다는 뜻인데, 일단 한번 좌절하고 나면 이를 극복하고 일어서는 것이 참 어렵다.

그러나 실패했다고 그냥 널브러져 있는 것보다는 어떻게든 다시 일어서려고 노력한다면 자신이 원하는 목표에 도달할 확률이 더 높아지지 않을까.

좌절의 아픔을 겪은 모든 이들이 새로운 의지로 재기하고자 마음먹을 때 권토중래를 상상해 보는 것은 어떨까? 다시 세상을 향해 흙먼지를 일으키며 달려갈 그날을!

실패하면 비참한 인생이 들고 낙담도 하지만

이것이 나의 운명이라고 생각하고

거기서 다시 일어나 성실히 노력하라.

_이나모리 가즈오

마중물의
중요성

성공을 위한
기회를 잡는 법

'당신을 ~의 길로 이끌어주는 비법.'

'유명인 ○○가 사용한 성공의 방정식.'

소위 인터넷이나 언론 광고 등에 넘쳐나는 성공의 비법들이다. 곰곰이 살펴보면 이것은 절대 사기가 아니고, 실제 삶에 적용하게 되면 성공할 수 있는 비법임이 분명해 보인다.

그렇다면 이 비법을 사용해 성공했다는 사람은 도대체 어디서 만날 수 있을까? 당연히 성공한 사람도 있을 텐데 그 수가 너무 적어서인지 실제 사례자를 만나보기 어렵다. 성공의 비법은 분명히 존재하고, 따라만 하면 평균 이상은 간다고 한다. 그런데 왜 우리는 그 비법을 따라 해보아도 성공할 수 없는 것일까?

여기 '마중물'이라는 용어가 있다. 수도 설비가 좋지 않던 옛날에는 펌프를 설치해 지하수를 끌어올려 쓰는 것이 일반적이었다. 펌프의 손잡이를 지렛대 삼아 위아래로 계속 움직여야지만 땅속 지하수를 퍼 올릴 수 있었다. 펌프의 손잡이를 위아래로 움직이는 것을 '펌프질'이라고 했는데, 이를 그냥 하면 물을 끌어올릴 수 없었다. 한 바가지 정도의 물을 부어줘야 펌프 내에 물이 차서 지하수와 연결되고, 그때 펌프질을 하면 물이 따라 올라온다. 이 펌프질을 하기 전에 부어주는 한 바가지 정도의 물을 '마중물'이라고 한다.

물을 얻기 위해 마중물이 필요하듯, 우리네 인생도 무엇인가를 얻으려면 마중물을 부어야 하는 것 같다. '우리는 분명 성공하는 법을 알고 있고, 밤낮으로 노력하는 데에도 불구하고 왜 되는 것이 없을까?'라는 질문에 대해 '성공을 위한 마중물을 붓지 않았잖아?'라고 할 수 있지 않을까.

성공의 비법을 펌프질, 성공을 지하수라고 가정해 보자. 어느 날 지하수(성공)를 끌어오는 방법인 펌프질(성공의 비법)을 전해 듣게 되었다. 펌프질을 열심히 하면 시원한 지하수가 곧 올라올 것 같은데, 아무리 팔이 빠져라 펌프질을 해보았자 지하수는 코빼기도 보이지 않는다. 바로 성공의 비법을 실행할 수 있는 마중물, 즉 기본을 갖추지 않은 상황에서 성공을 위해 달려가고 있기 때문이다.

그러면 성공을 위한 마중물은 어떤 것을 의미할까? 각 분야에 있어 마중물의 역할을 하는 것들이 있다. 예들 들어, 주식으로 돈을 벌려면 경제 지식에 대한 기본 소양이 있어야 고수가 알려주는 비법을 깨닫고 성공투자를 할 수 있다. 헬스를 통해 몸매를 가꾸고 싶다면 일단 생활습관이나 식단부터 조절해야 PT를 받아도 제대로 된 효과가 나올 것이다. 경제적 자유를 얻고 싶다면 일단 종잣돈을 모아야 좋은 투자처를 알게 되었을 때 이를 바로 사용할 수 있다.

한 분야에 성공하기 위해서는 성공의 비법도 듣고 열심히 달려가는 것도 중요하지만 자신이 가고자 하는 분야에 대한 최소한의 지식을 습득하고 준비하는 즉, 마중물을 부어야지 기회를 창출할 수 있다는 점을 명심해야 한다. 마중물을 붓는 행위는 성공을 위한 작은 기회를 만드는 것이라 볼 수 있다. 지금 나의 마중물이 보잘것없다 해도 나중에 만나게 될 결과물의 크기는 상상하지 못할 것이라 기대해 본다.

작은 기회로부터 종종 위대한 업적이 시작된다.
_데모스테네스

자신의 위치를
한정하지 말 것

더 좋은 상황을
만나는 방법

가끔 '나는 ~한 사람이라' 혹은 '나는 ~을 하는 사람이라' 뭐는 되고, 뭐는 안 되고 하면서 자신의 위치나 성향을 정의하는 사람을 만나곤 한다. 좋게 보면 자신의 주관이 강하고, 나쁘게 보면 자신의 의견만을 강요하는 꼰대라고 할 수도 있겠다. 좋고 나쁘고를 떠나 자신의 위치를 규정한다는 것은 어떤 의미를 지니게 될까?

개인의 성향이나 위치를 규정한다는 것은 자신의 정체성을 확립한다는 차원에서는 바람직하다고 볼 수 있다. 많은 이들이 자신의 주관을 확립하고, 자신만의 길을 갈 것을 권한다. 살면서 자기 생각이나 주관 없이 이리저리 흔들린다면 보람찬 인생이라고 할 수 없다.

그런데 주관이 너무 강할 경우 새로운 기회를 만나 이를 활용하는 데 과연 효과적이라고 할 수 있을지는 의문이다.

일단 자신이 '어떤 사람이다'라고 정의를 내리고 나면, 스스로 그 틀에 갇혀 일종의 한계에 부딪히게 된다. '나는 ~하는 사람이기에 ~하면 집중하는 데 방해가 되기 때문에 안 될 것 같아.' 이렇게 자신의 부정적 주관이 강할 경우 새로운 것을 접하거나 시도하는 데 있어 자신도 모르게 걸림돌이 되어 버릴 수 있다.

'나는 ○○ 업무에 특화된 사람이기 때문에 다른 업무를 하는 것은 상상할 수조차 없어!'

'나는 ○○주의자이기 때문에 다른 방향에서 나오는 의견은 용납할 수 없어!'

이렇게 자신의 위치를 한정할 경우 새로운 흐름을 탈 수 있는 기회를 스스로 차버리게 된다. 생각지도 못한 엉뚱한 일들이 비일비재한 현실에서 자신의 위치만을 고수하면 본인이 규정해놓은 좁은 범위 안에서 계속 쳇바퀴를 돌 수밖에 없지 않을까. 주위 사람들도 '저 사람은 이런 사람이구나' 하고 규정지어 버리고, 관련 업무만 제안하거나 협의하게 되니 한정된 범위 안에 갇혀 버리게 된다.

'나는 그렇지 않아' 하고 생각할 수도 있다. 하지만 우리는 정도가 강하든 강하지 않든 무의식적으로 '나는 ~한 사람이야' 하고 자신의 위치를 정해놓은 것 같다는 생각이 든다. 말로는 새로운 것을 찾고, 새로운 꿈을 꾼다고 하면서 정작 새로운 상황에 직면하게 되면 자신도 모르게 '○○ 일은 이렇게 해야지' 하며 자신이 정한 기준에 함몰되는 상황이 벌어지는 것이 일상이다.

나만의 관점으로 세상에 도전하는 것, 이 또한 훌륭한 인생의 자세라 할 수도 있겠다. 이에 더하여 때로는 자신을 백지장처럼 비우고 여러 가지 상황이나 현상을 바라보면 어떨까? 전혀 엉뚱한 곳에서 해결책이 등장하듯 내가 꾸준히 추구해왔던 분야나 범위 밖에서 내 인생을 풍족하게 해줄 새로운 기회를 만나게 될지도 모르니까.

> 내가 사용하는 언어의 한계가
> 내가 사는 세상의 한계를 규정한다.
> _루트비히 비트겐슈타인

만남의
중요성

인생의 디딤돌을
마련하는 방법

예전 국민 애창곡 중에 가수 노사연의 〈만남〉이 있다.

'우리 만남은 우연이 아니야. 그것은 우리의 바램이었어.'

이 노래는 연인 간 만남의 중요성을 담았지만, 이 만남의 의미는 내 인생을 업그레이드를 시켜줄 소중한 기회라고도 할 수 있다.

흔히 '사업이나 일은 절대로 혼자서는 할 수 없다'고 한다. 단순히 겸손을 의식해 자신을 낮추는 이야기가 아닌 현시대 상황을 그대로 반영하고 있는 말이다.

다양한 만남을 통해 자신이 부족한 점을 채우는 기회가 되거나, 내 인생을 업그레이드해 줄 수 있는 사람과 함께 하는 계기가 될 수도 있다. 나의 부족함을 채워주는 사람을 만나기도 하고, 나의 평생 사업 파트너가 될 사람을 만나기도 하며, 어려울 때 조언을 구할 수 있는 멘토를 만나기도 한다. 만남은 단순히 사람을 만난다는 개념이 아닌 우리의 삶을 개척하는 디딤돌을 제공하는 장이라고 표현할 수도 있다. 만남을 통해 무슨 일이 일어날지 모르니까.

가끔 우리는 대개 지위가 높거나 돈이 많거나 성공한 사람을 만나게 되면 '뭔가 건질 게 없을까' 하면서 성심을 다해 응대한다. 하지만 그다지 영향력이 없다고 판단되면 설렁설렁 만나다 자리를 떠나는 경우가 종종 있다.

그렇다고 이 사람이 나에게 이익이 될 것인가 아닌가를 따져서 만나는 것은 절대 지양해야 할 일이다. 물론 영업이나 사업을 하면서 만남을 통해 더 좋은 기회를 얻고자 하는 것은 당연한 일이라고 할 수 있다. 하지만 무조건 이익을 취하기 위해 만나게 되면 상대방도 바보가 아닌 이상 동일한 잣대를 가지고 우리를 상대하게 될 것이다.

만남에 관한 이야기로 단연 《삼국지》의 유비와 제갈공명을 들 수 있다. 유비와 제갈공명은 촉한이라는 나라를 세워 독자적인 세력을 구축하고 천하통일을 위해 끊임없이 분투했다.

제갈공명과 유비가 서로 처음 만났던 상황을 상상해 보자. 당시 유비는 허구한 날 조조 등에 패해 쫓겨 다니던 허울만 멀쩡한 집단의 리더였다. 제갈공명은 어떠한가? 당시 천재라는 명성을 얻고는 있었지만, 실상은 마음에 드는 일자리를 찾지 못해 전전긍긍하던 실업자였을지도 모른다. 그런데 만약 유비와 제갈공명이 서로의 본질이 아닌 외형을 중시하고 자신의 이득을 얻는 방향으로만 집중했다면 역사에 남을 군신 관계나 이름을 남길 일은 애초부터 이루어지지 않았을지도 모른다.

세상이 하도 수상하니 처음 만나는 사람에게 경계심을 가지거나 신뢰하는 사람을 빼고는 만나지 않는 게 상책이라 할 수도 있다. 그러나 무턱대고 경계하는 것보다 이 사람에게 무언가 배울 것이 있지 않을까, 설령 허술하게 보이는 사람일지라도 내가 모르는 능력이 있어 도움이 될 수 있지 않을까, 혹 초면에 무례해 보이는 사람일지라도 나의 부족한 점을 채워줄 수 있지 않을까 하는 생각에 기반하여 만남을 가져 보는 것이다. 만남이란 것이 너무도 중요하기에 한 사람을 만나더라도 정성을 다해야 한다는 사실만큼은 아무리 강조해도 모자람이 없을 것이다.

만남에 앞서 자신의 기본 실력을 쌓는 것도 중요하다. 나를 도와주고 이끌어줄 사람을 만났다 할지라도 나만 이득을 얻는 관계가 아니라 미약하지만 나를 앎으로써 상대방도 뭔가 얻어 가는 게 있어야 좋은 관계를 지속할 수 있다. 서로서로 돕고 이득이 되는 관계가 되어야지 계속 만날 수 있고, 더 큰 기회가 생길 수 있지 않을까.

좋은 사람과 쓰레기를 구분하려면
그에게 착하고 상냥하게 대해 주어라.
좋은 사람은 후일 한 번쯤
너에 대한 보답에 대해 생각해 볼 것이고,
쓰레기는 슬슬 가면을 벗을 준비를 할 것이다.
_모건 프리먼

약간의
허세

기회를 얻는
방법

허세란 실력이나 실속은 없으면서 겉으로만 뭔가 있거나 멋있어 보이려 척을 하는 행위를 말한다. 그리고 허언증이란 허풍을 떨거나 관심을 받기 위해 스스로 없는 일을 만들어 내거나, 있는 일이라도 고의적으로 과대포장하여 드러내는 증상을 일컫는다.

여기서 가장 큰 죄악은 허세를 부리는 것이다. '용기를 가지되 허세는 부리지 말라' 등 허세의 위험성에 대해 경고하는 명언들이 많다. 그런데 실제 업무를 추진할 때 약간의 허세는 도움이 될 수 있다고 한다면 어떤가?

일반적인 비즈니스에서 상대에 대해 가진 정보가 없을 때 상대방의 외모나 차림새 또는 말투나 이야기하는 내용에 근거해 이 사람을 믿어야 할지, 거래해도 되는 사람인지를 파악하려고 한다. 이때 자신의 가치를 높이려는 행위로 약간의 허세를 부리는 경우가 있다.

아예 가지고 있지 않은 것을 가지고 있다고 하거나, 하지도 않거나 할 수 없는 일을 가능하다고 하는 것은 허세 정도가 아니라 완전한 사기라 할 수 있다. 그러나 약간의 허세로 '이 사람 뭐가 있나 보네?' 하는 이미지를 심어주는 것은 필요할 수도 있다. 일단 상대방의 문간을 넘어서야지 다음 단계로 일을 진행할 수 있기 때문이다.

'거래처에 진실한 모습을 보이지 않으면서 어떻게 사업을 진행할 수 있나?' 하는 의문이 들 수도 있다. 하지만 우리 사회는 이론과 실제가 너무나 다르기에 약간의 허세가 필요할 수도 있다는 의미로 이야기하고 있다. 종종 아주 유명한 개발자나 스타트업 대표의 경우 옷도 대충 입고, 이야기도 설렁설렁하는 등 꾸밈없이 솔직할 수도 있다. 이런 경우는 이들의 능력이나 기업이 이미 인정받고 있다면 가능한 일이지만, 평범한 우리가 이렇게 따라 했다가는 될 일도 안 되는 것이 현실이 아니던가.

그렇다면 약간의 허세는 어디까지 허용되는 것일까? 당연히 상대방에게 피해를 주지 않으면서, 나를 판단함에 약간의 긍정적 영향을 미치는 정도면 어떨까. 물론 허세를 사기로 보고, 약간이든 과장이든 다 허세지 무슨 차이가 있냐고 비난할 수도 있다. 당연하다. 엄밀히 말해 약간의 허세라고 하지만 사기로 보면 당연할 테니까. 하지만 약간의 허세를 몇 안 되는 기회를 잡기 위한 노력이라고 해석해 보면 어떨까.

요즘 우리 사회는 각자 뛰어난 능력을 갖추고 있는 관계로, 기회를 창출하거나 업무를 개척하는 데에도 그 경쟁 강도가 높은 것이 현실이다. 이런 연유로 진짜 실력이 있음에도 불구하고 남들에게 한 끗 차이로 밀리게 되는 것도 다반사다. 그 한 끗 차이는 노력과 열정으로 얼마든지 극복할 수 있지만, 그 때문에 기회 자체를 얻지 못하기도 한다.

약간의 허세는 자신이 진정한 실력을 갖추고 있다는 전제에서 출발해야 한다. '약간의 허세'를 부족한 한 끗을 메우기 위한 몸부림이라고 하면 너무 과장된 이야기일까. 약간의 허세로 기회를 잡았다고 할지라도 결국에는 자신의 본 실력으로 분투하여 일을 성사시켜야 하기 때문이다. 나중에 비록 상대방이 나의 허세를 알았다고 할지라도 약속을 지키기 위해 노력하고, 일을 성사시키는 모습을 본다면 결국 우리를 인정해 주지 않을까.

자기 자신을 과신하는 사람을
결코 만만하게 보지 마라.
_프랭클린 D. 루즈벨트

오늘에
집중하기

충실한 삶을
사는 방법

시간의 축은 과거·현재·미래로 구성된다. 우리는 과거 즐거웠던 추억을 회상하기도 하지만, 왜 그런 행동과 선택을 했을까 하고 후회할 때도 많다. 또 미래의 빛나는 나를 상상하기도 하지만, 나중에 뭐 먹고살지? 걱정하는 경우가 많다. 현재 먹고사는 데 집중하느라 하루하루를 달리며 살아가는데, 문득 과거에 대한 후회나 미래에 대한 두려움으로 한숨을 쉬는 것이 일상적인 우리들의 모습이다.

《그리스 로마 신화》에는 운명을 관장하는 세 여신이 있다. 이들은 과거를 의미하는 클로소, 현재를 의미하는 라키시스, 미래를 의미하는 아트로포스다. 이 여신들은 인간의 생명을 관장하는 실을 관리하는데, 클로소가 그 실을 자으면, 라키시스가 이를 감고, 아트로포스가 인간의 목숨이 다할 때 그 실을 끊는다고 한다. 다시 말해, 클로소가 물레에서 운명이라는 이름의 천을 짜고, 라키시스가 그 천에 무늬를 새겨 삶을 만들며, 아트로포스가 거대한 가위로 그 천을 자름으로써 삶을 끝낸다.

과거의 신 클로소는 우리의 삶을 그릴 수 있는 천을 만드는 역할이다. 만약 우리가 과거에 엉망으로 살았다면 오늘 우리에게 질이 좋지 않은 운명의 천이 오는 것은 당연하고, 이는 돌이킬 수 없다. 하지만 이 나쁜 천을 감내하고 그나마 하루하루를 충실히 살아낸다면, 현재의 신 라키시스는 보다 좋은 무늬를 운명의 천에 새길 수 있을 것이다. 그러면 내일에는 보다 개선된 천이 도착하게 되어 현재(라키시스)가 보다 쉽게 삶을 그리게 되는, 이런 선순환이 일어나지 않을까 한다. 어떻게 보면 미래의 여신 아트로포스는 삶의 종결을 선언하는 것이기에 좀 과장하면 미래를 생각할 필요가 없다는 결론에 도달할 수도 있을 것 같다. 우리의 삶이라는 것은 결국 미래라는 삶의 종착역을 만날 때까지 아트로포스(과거)가 짜놓은 천에 라키시스(현재)와 함께 삶을 그려나가는 과정일지도 모른다.

너무도 유명한 '카르페디엠'이라는 라틴어가 있다. 카르페디엠을 대부분 '현재를 즐겨라'라는 의미로 알고 있지만, 좀 더 정확히 말해 '지금 이 순간에 충실하라'라는 뜻이라 하겠다. 윌리엄 포그너도 '내일이란 오늘의 다른 이름일 뿐이다'면서 오늘의 소중함을 설파한 적이 있다. 카르페디엠은 단순하게 표현해 '이봐, 오늘에 좀 집중해 봐'라고 던진 말이라 하겠다.

누구나 과거에 대한 일종의 회한이 있는 것 같다. '그때 다른 선택을 했더라면' 하고 말이다. 우리는 내가 생각한 대로, 내가 원하는 대로 인생이 흘러가지 않는다며 불평한다. 그러나 우리는 바꿀 수 없는 과거나 이루어지지 않은 미래에 매달려 고민하는 대신, 오늘 내 앞에 닥친 일부터 하나하나 해결해 나가는 것이 현명한 선택인 것 같다. 그러면 자신도 모르는 사이에 '어제보다 나은 오늘'을 만나게 되고, '오늘보다 나은 미래'를 기대할 수 있지 않을까.

> 현재는 모든 과거의 필연적인 산물이며,
> 모든 미래의 필연적인 원인이다.
> 현재에 열중하라. 오직 현재 속에서만
> 인간은 영원을 알 수 있다.
> _괴테

자신을
관리하기

귀인을
만나는 방법

이제는 자기 계발이 아닌 자기 관리의 시대라는 이야기가 많다. 자신을 컨트롤하는 자기 관리는 유행을 넘어 사회인의 기본 소양이기도 하다. 자신을 관리하는 것은 자신의 운명을 개척하는 데 있어 매우 중요한 요소라고 할 수 있다.

성공한 사람들의 경우 '귀한 사람을 만나 그의 도움을 받은 것이 성공의 마중물이었다'라는 이야기를 하곤 한다. 귀한 사람 즉, 귀인이라면 사회적 영향력이나 재력 또는 능력이 뛰어난 사람 또는 누군가에게 긍정적인 영향을 미치는 사람이라고 하겠다.

이 세상은 혼자서는 아무것도 이룰 수 없다. 혼자는 아무리 열심히 해도 고생한 만큼의 성과가 절대 나오지 않는다. 나를 이끌어주는 사람을 만나거나, 가치 있는 기회를 만들어주는 사람, 믿을 수 있는 업무 파트너가 되는 사람 등 좋은 사람들을 만나고 교류해야지만 다음 단계로 넘어갈 수 있는 것이다.

아무리 지식이 많고 능력이 출중한 사람이라 해도 말투가 이상하다든지 조금 까칠하다든지, 보이는 이미지만으로 능력이 없다고 폄하하거나 무시하는 것이 현실이다. '나 그냥 이렇게 살래' 하고 과거 늘 해 온 대로 하면, 그냥 막사는 인상을 심어주게 되어 새로운 길을 열어줄 수 있는 사람을 만날 기회조차 없다. 계속 혼자 고민하고 열심히 노력해서 어떤 일을 시도해 보지만 되는 게 하나 없이 실패의 늪에서 벗어날 수 없게 된다.

평소 '당신은 태도도 좋고, 인성도 바르고 일도 성실하게 하니, 같이 한번 일을 도모할 수 있지 않을까?' 하는 평가를 받아야 소위 말하는 귀인을 만날 수 있다. 괜히 어설프게 잘나가는 척했다가 '당신은 사정이 괜찮나 보네' 하고 도움의 손길을 거둘 수도 있다. 또 '세상이 나를 알아주지 않는다'며 유아독존한다면 이 역시 귀한 인연을 만날 기회를 놓치는 행동이라고 할 수 있다.

사회적 기반이 없을수록, 가진 게 없을수록 자기 관리에 힘써야한다. 외모는 단정하고 깔끔하게, 태도는 남을 배려하고 타인을 도우려는 성향을 보이며, 행동은 일이나 업무에 성실히 임하는 자세를 보여야 한다. 특히 남에게 잘 보이기 위한 가식적 행동일지라도 다른 사람에게 좋은 인상을 남겨야 한다. 이런 준비가 없으면 돈 없고 빽 없는 우리는 성공에 필요한 기회조차 얻지 못하는 것이 현실이다. 소위 말하는 귀인을 만나려면 자신이 먼저 준비되어 있어야 하기에.

좋은 행동이나 태도를 통해 긍정적이고 좋은 인상을 심는 것, 이것이 바로 내 삶을 변화시켜 줄 귀인을 만나기 위해 준비해야 할 기본이다. 좋은 인상을 심지 못한다면 결코 힘없는 사람들이 발전할 기회를 얻지 못한다는 사실을 반드시 명심해야 할 것이다.

> 당신 스스로가 하지 않으면
> 아무도 당신의 운명을 개선해 주지 않을 것이다.
> _B. 브레히트

전체를
조망하기

맥락을
파악하는 방법

　　새로운 것을 배우게 되면 즐거움도 있지만, 미래에 이것을 어떻게 사용할 수 있을까 하는 궁금증이 드는 것도 당연하다. 취업을 앞둔 학생들이 자격증을 따면 취업에 도움이 될 것이라 기대하는 것도 비슷한 맥락이다.

　　회사에서 '이것 좀 해보지?' 하면 전체적 맥락도 파악하지 않고 그대로 수행하거나, 교과목의 수업목표는 도외시하고 시험 범위 내 단원에만 집중해서 공부하다 보면 전체적 맥락과 동떨어지는 경우가 많다. 열심히 했는데 상사로부터 '이따위로 일했냐'는 질책을 듣거나, 일부 문제나 과목은 잘했는데 전체 시험을 망치는 경우가 그렇다. 소위 말하는 '전투에서는 이기고, 전쟁에서는 패하는' 결과를 초래하게 되는 것이다.

효율적으로 업무를 수행하는 고수들은 하나하나 단편적 업무에 매달리는 것이 아니라, 일단 업무에 돌입하기 전 업무의 목적, 전체적인 개요, 업무 수행 시 필요 사항이나 자원에 관한 내용을 파악한 후 업무에 돌입하는 경우가 많다. 우리의 배움에서도 동일한 과정이 적용될 수 있다.

무턱대고 배움에 돌입하는 것이 아니라 배우고자 하는 내용에 있어 ① 내게 부족한 건 무엇인지→ ② 해당 과정에서 어떤 부분을 중점적으로 배워야 하는지→ ③ 어떤 방법으로 배울 것인지→ ④ 이 배움을 통해 도착할 곳이 어디인지 등 전체적 조망을 한 후 배움에 뛰어드는 것은 어떨까.

이제 배움은 한때로 그치는 것이 아니라 삶이 끝날 때까지 계속 진행되어야 하는 필수 요소가 되었다. 조금 과장해서 삶의 목표 설정 = 배움 목표 설정이라고 해도 무리가 없을 것 같다.

배움에 있어 '전체를 조망한다'는 것은 배움의 출발점을 정하는 것을 의미한다. 만약 배움을 통해 어디까지 가보겠다는 목표가 있다면, 거기에 도달하는데 어떤 길을 가는 것이 효율적일까, 어떤 길을 가는 것이 내 성향에 부합할까 등의 관점을 고려하다 보면 '어디서 시작점을 가지겠다'는 의사결정이 가능하지 않을까.

배우는 데 뭐가 이렇게 복잡해? 그냥 배우면 되는 거 아니야? 하는 의견도 있을 것이다. 일단 어떤 것이든 배워놓으면 언젠가 활용할 수 있고, 인생을 풍요롭게 해줄 것이다.

우리는 언제나 좋든 싫든 새로운 것을 배워야 한다. 이왕 배워야 한다면 예전처럼 무조건 파고드는 것이 아니라 전체적인 관점에서 여러 과정을 돌아보고 정비해 보는 것이 어떨지.

> 전체를 조망하기 위해서는
> 완전한 외부인이 되어야 한다.
> _이소룡

운동
하기

머리가
좋아지는 방법

우리는 가끔 생각하는 게 예전 같지 않다거나 무엇을 자주 깜박깜박 잊어버린다며 퇴화하는 자신의 머리를 한탄하거나 머리 좋은 사람을 부러워한다. 이럴 때 우리는 나이가 들어 머리가 나빠지는 것인가 하지만, 실상 두뇌의 퇴화는 나이와는 별 상관이 없는 것 같다.

'머리가 좋다'에는 뇌기능이 좋다는 명제가 도출된다. 소위 뇌 능력을 높이기 위해 등 푸른 생선을 먹어라, 긍정적으로 생각해라, 좋은 자극을 주는 환경을 만들어라 등 여러 방법이 무궁무진하게 제시되고 있다.

그런데 요즘 들어 뇌 능력을 향상시키는 좋은 방법으로 운동이 각광을 받고 있다. 신체활동과 뇌기능 향상 간 상관관계에 대한 연구결과들이 지속적으로 나오는 상황이기도 하다.

미국 하버드대 의대 정신과 존 레이티 교수는 "운동의 진정한 목적은 뇌의 구조를 개선하는 것이고, 운동이 생물학적 변화를 촉발해 뇌세포들을 서로 연결시킨다"라고 했다. 그는 유산소 운동을 통해 심장박동 수가 증가하면 뇌세포의 성장에 비료 역할을 하는 신경세포 성장인자인 'BGF(Brain Growth Factor)'의 혈중 수치가 증가된다고 한다. BGF는 일종의 단백질로, 심박수가 높아진 상태의 심장과 근육에서 분비된다. 분비된 BGF는 뉴런의 기능(정보 전달)을 강화하고, 뇌세포의 성장 자체를 촉진하며 세포가 소멸하는 것을 방지하거나 더디게 하는 역할을 한다.

다음은 레이티 교수의 연구사례이다.

미국 일리노이주의 네이퍼빌 센트럴고등학교는 0교시에 전교생이 1.6km를 달리기를 하는 체육수업을 배치했다. 달리는 속도는 자기 심박수의 80~90%가 될 정도의 빠르기, 즉 자기 체력 내에서 최대한 열심히 뛰도록 했다. 이후 1, 2교시에는 가장 어렵고 머리를 많이 써야 하는 과목을 배치했다. 이렇게 한 학기 동안 0교시 수업을 받은 학생들은 학기 초에 비해 학기 말의 읽기와 문장 이해력이 17%

증가했고, 0교시 수업에 참가하지 않은 학생들보다 성적이 2배가량 높았다. 또 수학, 과학 성적이 전국 하위권이었던 이 학교는 전 세계 과학 평가에서 1위, 수학에서 6위를 차지했다.

여기서 중요한 핵심은 운동하고 난 후에는 반드시 배우고자 하는 분야를 학습하라는 것이다. 운동하면 뇌세포가 생성되는데, 직후 이 뇌세포들이 담당할 역할을 준비해 주지 않으면 바로 죽어버린다고 한다. 즉 새로운 것을 배워 뇌세포에 각인을 시켜야 운동의 효과를 볼 수 있다는 것이다. 운동하는 것도 어려운데, 곧바로 무언가를 해야만 운동의 뇌 활성화 효과가 극대화된다니 쉬운 일이 없다.

운동은 단지 몸만 건강해지는 것이 아니라 머리까지 좋아진다고 하니 당장 나가서 운동하지 않을 이유가 없다. 성공에 있어 끊임없는 노력과 불굴의 투지가 중요하지만, 기왕 머리까지 좋아진다면 목적지까지 가는 시간을 단축시키는 데 분명히 도움이 될 테니까.

> 운동은 몸의 건강을 위해 가장 중요한
> 것일 뿐 아니라, 다이내믹하고 창조적인
> 지적 활동을 위한 기반이기도 하다.
> _존 F. 케네디

역량강화

기본에
충실하라

역량을
쌓는 법

　'이걸 하면 성공한다', '저걸 하면 타인을 압도할 수 있다' 등 성공에 관한 조언이 많다. 하지만 시간이 흐를수록 '기본에 충실하라'는 것이 성공의 지름길임을 새삼 깨닫게 된다. 대수롭지 않게 '기본만 해라'고 말하지만, 그것이 얼마나 어려운 일인지 모른다. 기본이 쉬운 것, 초기 단계를 의미한다면서 이를 무시하고, 화려하고 수준 높은 방식을 선호하는 것이 현실이기도 하다. 기본만으로는 발전할 기회를 얻기가 힘들다지만, 오히려 기본이 안 되면 일정 수준 이상의 발전이 요원하다는 사실을 알아야 한다.

　사회 초년병 시절, 직장 내에서 내게 '이것 좀 복사해와라', '엑셀 수식 좀 만들어 놓아라', '회의할 때 쓸 시장조사 자료를 만들어라' 등 소위 말하는 잡일만 시켰다. 그때 나를 얼마나 우습게 보면 이런 일만 시킬까 좌절감이 들기도 했다. 어렵게 들어간 회사인데 더럽다고 바로 때려치울 수도 없는 상황인지라 강도 높은 잡일(?)을 감내해야만 했다. 지금 와서 생각해 보면 그런 힘든 과정이 있었기에 그나마 업무나 프로젝트를 수행할 힘이 생기지 않았나 한다.

기본을 지키는 일은 티가 나지 않는다. 하지만 그 기본을 잘하면 오히려 주위 사람들이 인정해 주는 신기한 경우가 생긴다. 기본만 잘해도 저 사람은 어쩐지 신뢰가 가는 사람이라는 평가를 받는 것이다. 그러면 다음 단계로의 업무나 기회로의 연계성이 좋아진다. 반대로 기본이 안 되면, 소위 말하는 결정적 순간에 간단한 문서작업조차 처리하지 못해 넘어지고 마는 경우도 생기곤 한다.

기본을 갖추는 것은 시작하는 지점을 찾는다는 의미도 있다. 어떤 목표를 향해 가거나 새로운 일을 시작하다가 결국 원하는 것을 얻지 못하고 좌초하는 경우가 종종 있다. 이때는 환경이나 운을 탓하기보다 자신의 부족함을 인정하고 다시 기본으로 돌아가서 가야 할 길을 새롭게 모색해야 한다. 기본역량이 쌓여있다면 다시 출발하더라도 목표를 달성하기까지 걸리는 시간을 단축할 수 있다. 목표를 변경하여 다른 길로 떠난다 해도 축적된 기본역량은 다양하게 응용할 수 있으니 편한 길이 될 수 있다.

실력을 떠나 타인에 대한 배려, 매일 꾸준히 공부하는 것, 해당 업무를 마무리 짓는 힘 등 하찮다고 생각되는 기본적 역량이 결국 자신을 지탱해 주는 힘이 되는 것 같다. 창의적 아이디어, 기회 포착이란 매번 발생하는 것이 아니기에 지겹고 지루하겠지만, 기본이 축적될 때 소위 말하는 진정한 역량이 생기지 않을까.

> "작은 일도 무시하지 않고 최선을 다해야 한다.
> 작은 일에도 최선을 다하면 정성스럽게 된다.
> 정성스럽게 되면 겉에 배어 나오고,
> 겉에 배어 나오면 겉으로 드러나고,
> 겉으로 드러나면 이내 밝아지고,
> 밝아지면 남을 감동시키고,
> 남을 감동시키면 이내 변하게 되고,
> 변하면 생육된다. 그러니 오직 세상에서
> 지극히 정성을 다하는 사람만이
> 나와 세상을 변하게 할 수 있는 것이다."
> **_중용 23장**

현실에
충실하기

자기답게
나아가는 방법

요즘 '자기 개발'이나 '자기 계발' 등으로 '자신을 업그레이드' 하는 구호가 난무하고 있다. 여기서 자기 개발은 본인의 기술이나 능력을 발전시키는 일을 뜻하고, 자기 계발은 잠재된 슬기나 재능, 지식, 사상 따위를 일깨워 주는 것을 뜻한다. 물론 자신의 역량을 발전시킨다는 점에서 이 두 용어 간에는 큰 차이가 없다.

급변하는 현대사회에서 자기 계발에 대한 수요는 꾸준한 것 같다. 아무래도 미래가 불안하다 보니 자신의 역량을 키워나가지 않으면 도태된다는 심리가 커졌기 때문인 것 같다.

실제로 자기 계발 시장은 불황을 모른다고 한다. 시장조사기관

(Global Personal Development Market Size study, By Instrument, By Focus Area and Regional Forecasts 2022-2028)에 따르면 2022년 글로벌 자기 계발 시장의 규모는 438억 달러(약 57조 원)이며, 이 시장은 연평균 5.5% 성장해 2030년엔 670억 달러(약 87조 원)에 이를 것으로 전망되는 유망한 시장이라고 한다.

성장하는 시장의 규모에 걸맞게 자기 계발의 '비법'을 담은 많은 책을 만날 수 있다. 이러한 자기 계발서는 '○○○에 대한 길라잡이', '○○○ 30일 완성,' '나만의 ○○○ 비법', '인생 법칙' 등으로 포장되어 이 방법만 따르면 행복하고 충실한 인생을 살 수 있다고 한다. 그리고 우리는 삶을 나아지게 하는 그 비법을 찾아 여기저기 좌충우돌하고 있다.

그렇다면 이 비법을 찾아 그대로 실행한다면 우리의 삶이 나아질 수 있을까? 예로부터 인생의 난제를 푸는 현인들의 조언들이 있었다. 물론 그 효과와 내용의 깊이를 폄하하는 것은 결코 아니다. 그렇다고 그 비법이나 지름길을 알아내었다고 한들 삶의 여정이 획기적으로 개선이 될까? 그런 경우는 별로 없는 것 같다.

흔히 인생에는 정답이 없다고 한다. 어제 A라는 방법을 시도하여 성공했지만, 자고 일어나니 갑자기 상황이 바뀌어 버렸다. 생각에 생각을, 고민에 고민을 더하여 B라는 방법을 찾아내어 변화된 상황에 대응한다. 하지만 재차 상황이 바뀌어 B가 실패하고 C라는 방법을 찾아 대응하는 식이다.

수십 년간 한 분야에 종사하며 부단한 열정과 노력으로 일정 경지에 이르게 된 사람을 소개하는 〈생활의 달인〉이라는 프로그램이 있다. 자신만의 비법을 가진 특출한 사람이라지만 정작 그는 결국 하루하루를 열심히 살아온, 그 이상도 그 이하도 아닌 사람임을 안다.

인생에는 특별한 솔루션이 없다. 우리는 그 사실을 기꺼이 받아들여야 한다. 인생의 명확한 해결책을 찾는 것보다는 힘들고 어렵지만 내 앞에 닥친 삶을 묵묵히 걸어 나가는 것만이 보다 나은 삶을 여는 유일한 방법이 아닐까.

> 한 걸음 또 한 걸음 자기답게 앞으로 나아간다.
> 주변의 아우성과 소란에도 끄떡없이 끝까지
> 충실하게 살아간다. 그가 진정한 승자다.
> _이케다 다이사쿠

자신만의
배움

주체적으로
선택하는 방법

　　우리는 삶의 활력을 위해, 혹은 자신을 업그레이드하기 위해 새로운 분야를 공부하고자 한다. 일단 새로운 분야를 배우기로 마음먹었다면 해당 분야의 전문가나 최신 학습법 등을 찾아보는 것이 일반적이다. 이에 적절한 배움에 대한 사례나 방법이 시중에 다양하게 제공되고 있다. 하지만 자신의 여건이나 처지, 역량 등은 고려하지 않고 옳고 그름에 대한 분별 없이, 남들이 이렇게 하는 게 좋다고 하니까 혹은, 유명인이 이런 방식으로 하는 게 좋다고 하니까 생각 없이 그대로 따라 하는 경우가 대부분이다.

　　《장자》〈추수편〉에 '한단지보(邯鄲之步)'라는 이야기가 나온다.

전국시대 연나라 사람들이 마을 어귀에 모여 조(趙) 나라의 서울 한단(邯鄲) 사람들의 걸음걸이가 너무나 경쾌하고 아름답다는 이야기를 하고 있었다. 이 말을 들은 한 젊은이는 그 도시 사람들에 대해 선망하기 시작했고, 급기야 한단에 가서 그 걸음걸이를 배우기로 마음먹었다. 그는 한단에서 그곳 사람들의 걸음걸이를 배우려고 노력했지만 아무리 해도 잘 되지가 않았다. 지친 그는 상심하여 고향으로 돌아오게 되었다. 그런데 그는 한단의 걸음걸이도 익히지 못했을 뿐만 아니라 연나라의 본디 걸음마저 잊어버리게 되었다. 그래서 그는 기어서 겨우 고향에 돌아오게 되었다고 한다.

한단지보(邯鄲之步)는 자기의 본분을 잊고 함부로 남의 흉내를 내면 두 가지를 다 잃는다는 의미를 함축하고 있다.

누군가의 훌륭한 예시나 방식을 따라가는 것은 당연히 필요하다. 좋은 점과 배워야 할 사항을 마음에 담고 본보기 삼아 따라갈 수 있기 때문이다. 그러나 여우와 두루미의 우화처럼 자신에게 맞거나 맞지 않는 방식이 있다. 남들이 좋다고 하는 이유 하나만으로 무턱대고 따라 하다 보면 자신의 장점도 잃고 새로운 것도 배우지 못하는, 이도 저도 아닌 상황에 빠지게 된다. 내가 처한 상황과 형편에 맞는지, 내 성향과 맞는지, 실제로 도움이 되는 방식인지 등에 대한 주체적 판단이 필요하다. 여기에다 자신만의 방식을 추가한다면 원하는 바를 보다 효과적으로 얻을 수 있고, 내 삶을 업그레이드해 나갈 수 있을 것이다.

삶에서도 주체적 선택이 중요하다. 살아가면서 여러 가지 선택지가 있을 수 있다. 무조건 남들이 좋다고 하는 길을 좇아 선택하게 된다면, 나중에 후회하거나 한탄하는 일이 생기는 경우가 많다. 남의 이야기를 단순히 따라간다는 것은 과장하여 내 인생의 선택권을 다른 사람에게 넘긴다는 의미이기도 하다.

적어도 신중하게 생각한 다음 자신이 결정하여 선택한 길이라면, 설령 그 선택이 잘못된 것이라고 할지라도 후회가 적을 것이다.

> 배움에는 자신의 노력으로 이루어지는 것과
> 타인의 힘에 의해 이루어지는 것, 두 가지가 있다.
> 그러나 자신의 노력에 의해 이루어진 것이
> 남의 힘에 의해 이루어진 것보다 훨씬 가치가 있다.
> _작자 미상

일단
배워놓기

미래를
대비하는 방법

자신이 흥미 있는 분야나 업무에 필요한 분야라고 판단되면 '일단 한번 배워볼까' 하고 관심을 가진다. 그런데 업무 수행과 관련하여 생각지도 않던 전혀 엉뚱한 분야를 배워야 하는 경우가 생길 때도 있는데 이런 경우 '내가 뭐 이런 것까지 배워야 하나' 하는 의구심이 먼저 든다.

예전에는 직장 내 각자 전문분야가 있어 그 일만 잘하면 되었다. 최근 들어 기업들은 하이브리드형 인재를 선호하기 시작했다. 이는 한 사람이 마케팅, 회계, 영업 등 다양한 분야의 업무를 수행해야 한다는 것을 의미하는 것이고. 회사원들은 여러 가지 지식을 습득하느라 전에 없던 고생을 하게 되는 상황이 되는 것이다.

직장인에게 새로운 업무를 배우라고 했을 때 흔히 나오는 반응은 '영업만 해와서 기획 일은 배우기 싫은데', '스텝 일만 해왔는데 왜 마케팅을 배워야 하지' 등이다. 어찌 보면 새로운 업무를 맡거나 배워야 하는 상황이 생기면 감사해야 할 일인지도 모른다. 싫든 좋든 일단 배울 기회가 생기는 것이니까.

현재 내가 알고 있는 것만으로는 세상살이가 만만치 않다. 원치 않음에도 불구하고 새로 무언가를 접하고 배워야 하는 상황이 전개된다면, 너무 재지 말고 일단 시도하고 배워놓는 것이 좋다.

이렇게 반문할 수도 있다. 자신의 핵심 역량이 무언지 알고 그것에 도움이 되는 업무나 기술을 습득해야지 전혀 엉뚱한 것을 시도하다 보면 시간만 낭비하는 것이 아니냐고 말이다. 하지만 핵심 역량을 개발해 나가는 것과는 별개로 예측하지 못한 상황에 대비한다는 차원에서 일단 다양하게 시도하고 배워 두면 좋을 것이다.

현재 세상은 너무 복잡다단해 자신이 직면하고 있는 업무든 잡무든, 한 번 배운 것들은 시간문제일 뿐 언젠가는 써먹을 날이 있을 것이다. 배운다는 것은 자신이 활용할 수 있는 도구를 많이 확보하는 것이다. 불확실한 미래 상황에 이 도구들이 많아야 대응할 기회의 폭이 넓어지는 것이다.

어떻게 보면 학교에서 배우는 많은 과목들이 사회에 나와 결코 써 먹지 못할 것 같은데도 불구하고 가르치는 이유 또한 같지 않을까. 일단 학생들이 여러 가지를 알아놓으면 사회에 진출하여 배운 것을 어떻게든 활용할 수 있게 하려는 교육 차원의 배려가 아닐까.

잘하든 못하든 다양한 분야를 습득해 놓았다는 것은 인생 2막을 시작할 때 그 위력을 발휘하는 것 같다. 나이는 숫자에 불과하다고 하지만, 나이가 들어 아무래도 익숙하지 않은 새로운 업무를 배우거나 도전한다는 것은 결코 쉬운 일이 아니다. 하지만 일단 무엇이든 배워 두면 인생 2막이나 3막 시대에 새로운 분야로 이동하는 수단을 미리 확보해 둔다고 보면 힘이 나지 않을까. '내가 뭐 이런 것까지 배워야 하나?' 할지라도 소홀히 하지 말고 일단 배워놓기를 바란다.

삶은 새로운 것을 받아들일 때만 발전한다.
삶은 신선해야 하고 결코 아는 자가 되지 말고
언제까지나 배우는 자가 되어라.
마음의 문을 닫지 말고 항상 열어 두도록 하여라.
_오쇼 라즈니쉬

루틴
만들기

새로운 습관을
만드는 방법

    루틴의 중요성에 대해 강조하는 사람들이 많다. 루틴 (Routine)이란 규칙적으로 하는 일의 통상적인 순서와 방법을 말한다. 물론 '판에 박힌, 지루한'이라는 부정적 의미도 있지만, 일단 어떤 행위나 방법을 정립하면 자동 프로그램화되어 진행하게 되는 것을 의미한다.

  새로운 것을 시도하거나 배우는 것은 개개인에게 엄청난 에너지를 소모하게 하는 행위이다. 배우는 과정, 그 자체만으로도 많은 시간과 노력을 소모하게 되는데, 시도하는 것 자체만으로도 우리를 지치게 한다. 목표를 향해 가다 보면 시작부터 많은 체력과 정신력을 소진한 나머지 중도 이탈하게 되는 상황이 발생하는데, 이를 타개하기 위해서는 루틴이 중요하다고 한다. 어떠한 상황에 직면하더라도 흔들리지 않고 목적지까지 가도록 돕는 효율적 수단이 바로 루틴 정립이라는 것이다.

성공하는 사람에겐 자신만의 루틴이 있다고 한다. '아, 이래서 이 사람은 성공할 수밖에 없구나' 하고 감탄하는 것이 바로 루틴이다. 간혹 조급한 마음에 성공한 사람들의 루틴을 따라 하려고 시도하는 이들이 종종 목격된다. 소위 '○○님 따라 하기'로 명명되는 루틴을 말한다. 분명 성공한 이들의 루틴을 따라 하면 빨리 성공할 것 같지만 이것은 결코 평범한 우리가 범접하기 어려운 영역이 대부분이다.

예를 들어, 무라카미 하루키는 새벽 5시에 기상하여 글쓰기(5-6시간) → 10km 달리기 혹은 1500m 수영(혹은 둘 다/1~2시간) → 독서, 음악 감상(7~8시간) → 수면(7시간)으로 하루를 보낸다. 이렇게 업무, 운동, 취미, 수면을 평생 루틴으로 삼아 실천해왔다. 어떻게 인간이 매일 이렇게 할 수 있단 말인가 하는 생각이 들 정도다. 자기에게 맞지도 않은데 성공했다는 이유만으로 그대로 따라 했다가는 며칠 하다가 그냥 흐지부지될 것이 확실하다.

우리 중 다수가 맞든 안 맞든 무의식중에 자신만의 루틴을 실행하고 있기도 하다. 업무를 시작하기 전 향긋한 아메리카노 한 잔을 마시거나, 좋아하는 연예인의 유튜브 영상을 한 편 보고 공부를 시작한다든지 무언가 실행에 앞선 일종의 준비단계가 있다.

만약 자신만의 루틴을 만든다면 거창하게 '하루에 ○○하기'로 접근하기보다 자신에게 적당한 행동을 조합해 보는 것은 어떨까? 자신이 소소하게 즐기거나 실행할 수 있는 행동을 루틴으로 정립해 보는 것이다. 부담 없이 할 수 있는 행동으로 마음의 부담감을 덜어낸 후 업무나 배움의 과정을 이행해나가면 더 나은 결과를 기대할 수 있을 것 같다.

루틴을 만드는 것은 정말 어려운 일이다. 이미 가지고 있는 나쁜 습관을 버리고, 도움이 되는 새로운 습관을 만드는 것이니까. 우리가 힘든 과정을 견뎌내고 새로운 루틴을 만들어간다면 원하는 목적지로 데려다주는 나만의 자동 프로그램을 하나의 무기로 장착하게 되는 것이다.

우리는 반복적으로 행하는 존재이다.
따라서, 탁월함은 행동이 아니라 습관이다.
_아리스토텔레스

계속
배우기

도태되지 않는
방법

현대사회는 전례 없는 변화의 바람이 거세고, 자고 일어나면 새로운 지식이 쏟아져 나오고 있다. 따라서 한번 배운 것만으로 평생을 산다는 것이 불가능한 시대가 되어 버린 것 같다. 특히 인생 이모작, 삼모작이 보편화된 요즘은 자신이 원하든 원치 않든 직장을 옮기고, 새로운 직업을 가지고, 새로운 지식을 습득해야 하는 상황의 연속이며, 이를 타파하기 위해 눈물겨운 노력을 하고 있다.

직장을 옮기거나 신규 업무를 맡게 되었을 때 어떤 이는 새로운 환경이나 업무에 잘 적응하는 반면, 일부는 예전 방식을 고집하거나 시도하는 시늉만 하다 안 좋은 상황을 맞는 경우가 허다하다. 누가 보아도 잘못하고 있는데 자신만의 방법을 고집하다 도태되어 버리는 것이다.

　예를 들어, 회사의 규모를 확장하기 위해 새롭게 인재를 영입했는데 예전의 업무 방식을 고집하거나 환경에 적응하지 못하는 경우가 이러한 예다. 이는 연차가 많은 분에게만 해당하는 것이 아니라 남녀노소를 가리지 않고 나타나는 현상이다.

　변화에 빨리 적응하고 능숙하게 배우는 사람들과 정체되고 있는 이들은 어떤 이유로 이러한 격차가 생기게 되었을까?

　결론은 배움에 대한 의지나 자세의 차이가 격차를 만들어 낸다고 하겠다. '배우다'는 새로운 것을 익힌다는 의미인데, 단순한 지식 습득만을 의미하는 것이 아니다. 어떠한 지식이나 기술, 행동 등을 익히는 학습능력에 자신의 상황을 변화시키는 능력을 더한 것이라 하겠다. 새로운 환경에 적응하려고 하면 반드시 새로운 것에 대한 배움이 따라야 한다. 이에 부응하여 배우고자 하는 의지를 높이고 학습능력을 높이는 준비를 꾸준히 하는 자가 급변하는 현대사회가 요구하는 인재상이 아닐까.

　'학교에서 10여 년 이상 공부하고, 사회에서 여러 가지 업무를 습득하고, 자기 계발을 하라고 해서 이 악물고 시간을 쪼개 배웠는데,

언제까지 배우고 공부하란 말인가?' 하는 한탄이 나올 만하다.

그렇다면 우리는 언제까지 계속 배워야 할까? 그 답은 바로 평생일 것이다. 요즘은 한 분야의 전문가로서 '이젠 하산해도 된다'는 개념이 아예 사라진 것 같다. 큰 산을 정복하고 '이제는 쉬어 볼까' 하는데 바로 옆에서 새로운 산이 솟아오른다. 저 산은 결코 오르고 싶지 않은데, 오르지 않으면 자신도 모르게 도태되어 버리는 이해하기 힘든 상황이 펼쳐지고 있는 것이다.

살아남기 위해서는 거창한 학문 분야뿐만 아니라 소소한 일상에 대해서도 끊임없이 배워 나가야 할 것이다. 이는 자신이 선택할 수 있는 상황이 아니라 피할 수 없는 의무이며, 약간 과장해서 풍족한 삶을 살기 위한 필수조건이다.

> 사람은 그 일생을 통하여 배워야 하고,
> 배우지 않으면 어두운 밤에 길을 걷는 사람처럼
> 길을 잃고 말 것이다.
>
> _태자

독서의
생활화

창의성을 얻는
방법

　독서의 중요성을 강조하는 위인이나 명언도 많고, 많은
이들이 성공의 비결로 독서를 들고 있기도 하다. 하지만 우리는 이런
독서에 대한 좋은 이야기를 들어도 책을 가까이하려는 마음가짐이 쉽
게 들지 않는 것이 현실이다.

　장대익 서울대학교 교수는 〈독서력과 시민의 품격〉이라는 발표를
통해 독서는 창의적 연결 능력을 가능하게 하는 가장 효과적인 방법
이라고 했다. 그는 문제 해결에 필요한 창의적 생각들은 '느린 생각
(slow thinking)'에서 나온다고 했는데 없는 것을 보고, 있는 것을 다
르게 보고, 옛것을 새롭게 만드는 과정이 느린 과정이라고 하였다.

인간의 뇌는 깊이 생각하고 다르게 생각하고 새롭게 보는 작업을 즉각적으로 처리하지 못하는데, 이런 것들은 뇌의 전전두 피질에서 일어나며, 바로 독서가 이 느린 생각을 가장 효과적으로 만들어 내는 행위라는 것이다.

조영복 한국뇌파심리연구소 소장도 '독서를 할 때 뇌의 시지각 영역, 분석·이해 또는 기억하는 전두엽 영역, 불필요한 정보들을 억제하는 전 전두엽의 주요 기능들이 동시에 활성화 된다'라고 강조한 바 있다.

한편 문화체육관광부의 '2021년 국민 독서 실태'에 따르면 성인의 연간 종합 독서율 47.5%, 연간 종합 독서량 4.5권으로 지난 2019년에 비해 각각 8.2% 포인트, 3권 줄어든 것으로 나타났다. 독서를 하기 어려운 가장 큰 이유로는 '일 때문에 시간이 없어서(26.5%)'를 꼽았고, 다음으로 '다른 매체·콘텐츠 이용(26.2%)'이라고 응답했다.

독서가 좋다는 효과는 과학적으로도 증명되었는데 왜 사람들은 이렇게 책을 안 읽는 것일까? 흔히 배움에 대한 의지가 없다, 시간이 없다는 핑계를 대는 것 등 개인의 책임으로 돌리는 경향이 많지만, 정작 독서를 위한 인간의 뇌는 진화하지 않았다고 한다. 독서를 싫어하는 것이 개인의 문제가 아니라는 이야기이다.

그렇다면 이 좋은 독서를 잘하기 위해서는 어떤 방법이 있을까? 아무리 찾아보아도 '독서의 왕도'란 존재하지 않는 것 같다. 독서를 생활화하고 습관화하기 위해서는 다이어트나 운동하는 것처럼 매일 일정 시간을 투입하여 쉬운 책부터 조금씩 읽어 나가는 수밖에 없다.

다이어트도 단번에 효과를 보는 방법이 없는 것처럼, 독서도 '하기 싫지만 내 미래를 위해 이를 악물고 읽는다' 하면서 운동 근육을 키우듯이 독서 근육을 키우는 방법밖에는 다른 선택지가 없다. 일단 독서 근육이 붙으면 다독을 하더라도 버틸 수 있는 역량이 생기고, 그 이후는 계속 독서량이 늘어나는 선순환을 기대할 수 있다.

무슨 일이든 처음이 가장 어렵다. 많은 위인들이 강조하고 과학적으로도 그 효과가 증명된 독서! 책을 멀리하던 과거는 과거일 뿐, 지금부터라도 단단히 마음먹고 집이나 사무실에 놓여 있는 책 한 권을 들어 읽기 시작해 보자.

> 책을 두 권 읽은 사람이
> 책을 한 권 읽은 사람을 지배한다.
> _에이브러햄 링컨

읽는
습관

문해력을
키우는 방법

취업포털 〈인크루트〉와 바로면접 〈알바콜〉이 직장인과
자영업자 등 1,310명을 대상으로 '현대인의 문해·어휘력 실태'에 관
한 설문조사를 실시한 적이 있다. 보고서나 기획안 등 비교적 내용이
길고 전문용어가 많은 비즈니스 문서를 읽을 때 어려움을 느끼는지를
질문한 결과, 대부분 느낀다 6.3%, 종종 느낀다 44.5%로 응답자의 과
반은 글을 읽고 의미를 이해하는 일에 어려움을 느낀다고 했다. 이를
조금 확대하자면 현대인 과반이 글을 읽어도 의미를 제대로 파악하지
못하는 읽기 능력 부족으로 업무상 어려움을 느낀다고 볼 수 있다.

이 같은 맥락에서 최근 문해력(文解力)이라는 개념이 부상하고 있

다. 문해력은 텍스트를 읽고 쓰는 능력을 말하는데, 여기에 더하여 지식과 정보에 접근하고 이를 평가, 분석, 소통하며, 개인과 사회의 문제를 해결하는 능력을 의미한다. 문해력이 주목받기 시작한 시점은 현대인들이 동영상 위주의 콘텐츠를 접하면서 글을 읽고 이해하는 능력이 현저히 떨어지게 되면서부터다. 동영상 등을 통해 직관 능력은 강해졌을지 몰라도, 글을 읽고 그 구조와 주제를 파악하는 능력이 많이 떨어지게 되었다는 것이다.

다양한 분야의 일들이 워낙 세분화하여 새로운 것을 배우는 것에서도 문해력이 중요해지고 있다. 물론 동영상도 선호되지만, 세부적인 맥락까지 담아내지 못하는 경우가 부지기수다. 결국에는 세부내용을 문서로 정리해야만 하는 경우가 많다는 것이다.

새로운 것을 습득하기 위해 해당 분야의 전문가를 통해 배우는 방법이 있지만, 일반인은 전문가를 만나기도 어렵고, 해당 전문가가 지식을 원활히 전수해 준다고 장담할 수도 없다. 종내에는 대안으로 문서로 정리한 내용을 접해야만 하는데 문해력이 없으면 지식흡수 자체가 불가능하게 되는 것이다.

대부분 어떤 사안에 대해 의사결정을 해야 할 때 깊이 있는 내용분석이 아닌 피상적으로 나타난 부분만 보고 결정하게 되는 경우가 많아 난감한 상황에 빠지곤 한다. 깊이 있게 분석하기 위해서는 문서 내 세부적인 맥락을 파악하는 것이 필수적인데, 문해력이 부족하다 보니 결국 의미 있는 결정을 내리지 못하는 상황이 생긴다.

그렇다면 삶의 방향을 결정지을 정도로 중요성이 커진 문해력을 어떻게 키워야 할까? 문해력을 키우는 방법으로 독서가 가장 효율적이라고 한다. 독서가 다방면에 도움이 된다고 하지만, 사회가 발전하면 할수록 독서의 중요성은 점점 더 커지는 것 같다.

독서의 일차 목적은 정보의 획득이지만, 그 효과는 앎 자체에만 있지 않다. 미국 신경심리학자 매리언 울프의 《책 읽는 뇌》에서 인류는 책을 읽도록 태어나지 않았으며, 독서는 뇌가 새로운 것을 배워 스스로를 재편성하는 과정에서 탄생한 인류의 기적적 발명이라고 한다. 또 니컬러스 카는 《생각하지 않는 사람들》에서 "독서가 열어 준 조용한 공간에서 인간은 연관성을 생각하고, 자신만의 유추와 논리를 끌어내며, 고유한 생각을 키운다"라고 하면서 독서의 중요성을 설파하고 있다.

우리 중 일부는 '때려죽여도 책을 못 읽겠어'라고 단언하기도 한다. 그렇다고 책 읽기를 마냥 외면할 수만은 없는 노릇이다. 독서의 시작은 거창하게 책상에 앉아 책을 펼치는 것이 아니라 내 옆에 있는 종이 쪼가리 하나부터 들고 읽는 것에서 시작해도 된다.

현대인들은 빈말이 아니라 정말 바쁘고 시간이 없다. 그럼에도 불구하고 한번 아무거나 집어 들고 읽어보라. 처음에는 답답하겠지만 시간이 지나면 종이 한쪽이 책 한 권으로 변해 있을 것이다.

독서는 약 처방처럼 당장 효과가 나타나거나
행복을 만들어주지 않는다.
그러나 한 권 읽어가는 동안에 내가 무엇을 알고
무엇을 모르고 있는지를
스스로 깨닫게 하는 데 도움이 된다.

_클리프턴 패디먼

습득역량
쌓기

경쟁력을
유지하는 방법

100세는 기본, 인생 2모작·3모작이 보편화 되어가는 현 시대에 사는 우리는 다양한 직업이나 분야에 종사하는 것은 피할 수 없는 현실이다. 운 좋게 기존에 영위하던 것을 계속 이어나갈 수 있다면 다행이지만, 오래 살아야 하는 관계로 좋든 싫든 새로운 분야에 도전해야 하는 상황에 직면하게 된다.

막상 새로운 분야에 도전하는 것이 그리 쉬운 것만은 아니다. 특히 전문가로 인정받던 이들이 새로운 분야에 도전하기가 더 어려울지도 모른다. 분명 A라는 분야에서는 베테랑이었지만, 기존으로 가진 지식은 무용지물이 되고 처음부터 새롭게 배워야만 하는 경우가 생기게 마련이다.

사회 짬밥이 있으니 분야가 다를지라도 금방 습득할 수 있지 않겠냐는 말은 새로운 환경을 만들어 낼 수 있는 룰 메이커(Rule Maker)나 지배적 위치에 있는 사람들에게나 해당되는 말이다. 기존의 규칙을 따라야 하는 룰 테이커(Rule Taker)나 새로 조직 생활을 시작해야하는 사람들이 새로운 분야에 적응하는 것은 쉽지 않다. 겉으로 보이지 않는, 오랜 시간을 투자해야만 얻을 수 있는 지식은 실전을 통한경험으로 얻어지는 것이지 매뉴얼만 숙지한다고 해서 금방 얻어지는 것이 아니기 때문이다.

온라인 유통이 주력사업인 기업에서 경력직원 한 명을 뽑았다. 그는 시설이나 물품의 스펙 작업을 주로 담당한 경력자였다. 안타깝게도 그는 온라인 사업에 대한 관련 지식이 부족할 뿐만 아니라, 새로운 것을 배우려는 열의마저도 부족했다. 자신이 보유하고 있던 시공스펙 작업 내용에 매몰되어 있다 보니 영업도 부진하고, 회사 차원의지원도 받지 못하니 버티지 못하고 결국 회사를 떠나게 되었다.

습득한 지식을 활용하고 응용하는 능력을 '습득 역량'이라고 한다.습득 역량에는 단순히 일이나 업무를 빨리 배우고 처리하는 것을 넘어, 새로운 분야에 대한 지속적 호기심, 처한 상황이 어렵더라도 이를 견뎌내는 의지, 도달할 목표에 대한 긍정적 태도 등 여러 사항이 더해진다. 자신에게 해당되는 습득 역량을 지속적으로 갈고닦아야지만 10년, 20년이 지나더라도 변함없는 자신만의 경쟁력을 유지하는 데 도움이 될 것이다.

현 사회에서 새로운 분야로의 전업은 피할 수 없는 현실이기에 우리는 언제나 이에 대해 준비하고 있어야만 한다. 이른 은퇴에 집중하는 파이어족도 있지만, 나만의 경쟁력으로 주어진 시간 동안 필요한 역할을 소화하는 이들도 많다. 소위 평생 현역을 목표로 하는 사람들이 많은 현실에서 우리는 다양한 분야에 도전할 수 있는 '습득 역량'을 지속적으로 연마하도록 노력해야 하겠다. 그래야 누가 뭐라 하던 오래오래 나만의 역할을 끝까지 수행할 수 있을 테니까.

중요한 것은 큰 뜻을 품고 그것을 완수할 수 있는
기능과 인내를 갖는다는 것이다.
그 외에는 모두가 중요하지 않다.
_괴테

나라면
어떻게 할까

문제해결 능력을
기르는 방법

'블랙스완'이란 도저히 일어나지 않을 것 같은 일이 실제로 일어나는 현상을 말한다. 이에 대해 경제적 측면에서는 전 세계의 경제가 예상하지 못한 사건으로 위기를 맞을 수 있다는 의미로 사용된다. 대부분 백조라고 하면 응당 흰 백조를 생각하고, 검은색 백조를 상상하지 않지만, 아주 낮은 확률이지만 검은 백조가 실존한다고 한다.

우리는 이미 블랙스완급 사건을 너무도 많이 겪어온 것 같다. 2008년 금융위기부터 코로나 팬데믹, 그리고 기후 변화까지 예전에는 일어나리라 생각하지 않았던 일들이 일상화되어버린 것이 현재 상황이다.

성공하는 사람이 되려면 일단 '준비가 되어있어야 한다'고 한다. 그러면 어떤 준비를 해야 할까? 예전에는 좋은 습관을 지녀라, 관심 있는 분야의 책을 많이 읽어 지식을 쌓아라, 사람을 끌 수 있는 성품을 배양하라는 등 자기 계발 요소들을 축적해야 한다고 했다.

하지만 급변하는 사회환경을 감안할 때 '문제해결 능력을 보유한 사람'이 가장 준비된 사람이 아닐까 한다. 예측 범위를 넘어서는 문제가 나타날 경우 우왕좌왕할 것이 아니라 이를 정의하고 해결해 나가는 '문제해결 능력'이 현대인의 필수 보유 항목이라 생각하기 때문이다.

그렇다면 문제해결 능력은 어떻게 형성해야 할까?

세계 유수의 컨설팅사 맥킨지의 문제 해결 프로세스 7단계가 있다. ① 문제가 무엇인지 구체적으로 정의한다. → ② 문제를 세부적으로 분할한다. → ③ 세부적으로 분할된 문제들의 우선순위를 부여한다 → ④ 어떤 이슈를 누가, 어떻게 분석할 것인지 등 워크플랜을 수립한다 → ⑤ 이슈별로 자료수집 및 가설 검증을 수행한다. → ⑥ 자료와 분석 결과를 통해 대안을 도출한다. → ⑦ 대안을 설정, 솔루션을 개발한다. 분명히 효과적 방법임에는 분명하지만, 해당 프로세스를 접하게 되면 '시간도 없는데 언제 이렇게 세밀하게 분석하냐' 는 푸념이 절로 나온다.

나름대로 문제해결 능력을 형성하는 방법에 대해 생각해 보았다. 문제라고 하는 것은 원하거나 도달하고자 하는 상황과 현재 처해 있는 상황과의 차이(갭)라고 할 수 있다. 이 갭을 줄이는 방안을 강구하는 데 있어 '나라면 어떻게 할까' 의문을 가져보는 것이 어떨까.

우리는 연인 간 다툼에서부터 국민연금 고갈 등 국가적 문제에 이르기까지 잡다하게 해결해야 할 문제와 직면하며 살고 있다. '아, 저거 어떻게 하지?' 하면서 불안해하거나, 사회적 책임을 따져 일방적 비판을 쏟아내는 것보다는 '나라면 이런 대안을 내놓겠어!' 하고 나만의 해결책을 한번 생각해 보는 것이다.

물론 뾰족한 해결책이 나오기는커녕 머리만 아플지도 모른다. 하지만 중요하다고 판단되는 문제들에 대해 이미지 트레이닝으로 찬찬히 생각해 보고 나름의 결론을 내보는 것이다.

이런 과정을 거친다면 나중에 중대한 사건이 생겼을 때 그동안 훈련해 왔던 문제해결 능력을 동원해 해당 문제를 돌파해 나갈 수 있지 않을까.

세상에는 정형화된 문제도 정형화된 해답도 존재하지 않는 것 같다. '나라면 어떻게 할까'라는 질문을 통해 평소 문제해결 능력을 향상해 놓는다면, 감당하지 못했던 사안들도 독창적으로 해결책을 강구할 수 있지 않을까 한다.

　　그것을 대면하라. 항상 그것을 대면하라.
　　그것이 바로 모든 문제를 해결하는 길이다.
　　그것을 대면하라! 그것은 누구나 할 수 있는 것이다!
　　_조셉 콘라드

원만한
인간관계

당신 의견에
일리가 있다

깨닫지 못한 것을
아는 방법

줏대 없이 남의 의견만 듣고 '이거 할까, 저거 할까' 부화뇌동할 때 우리는 흔히 '팔랑귀'라고 한다. 팔랑귀와는 반대로 말뚝귀가 있는데, 귀에 말뚝을 박은 것처럼 남의 말은 전혀 듣지 않고 자기 하고 싶은 대로만 하는 것을 말한다. 팔랑귀나 말뚝귀 모두 성공을 논함에 있어 좋은 현상은 아니다. 하지만 남의 의견에 흔들려 오판하는 경우보다 자신의 의견이 맞다고 고집하다 실패하는 경우가 더 많은 것 같다. 다시 말해 실패의 원인이 자신에게 있는 경우가 더 많다는 것이다.

'프로크루스테스의 침대(Procrustean bed)'라는 말이 있다. 그리스

신화에서 유래된 이야기로 프로크루스테스(Procrustes)라는 악당의 집에는 철로 만든 침대가 있었다. 그는 지나가는 나그네를 납치하여 자신의 침대에 누이고는 행인의 키가 침대보다 크면 그만큼 잘라내고, 침대보다 작으면 억지로 침대 길이에 맞춰 늘여서 죽였다. 그의 침대에는 길이를 조절하는 장치가 있어 그 누구도 키가 딱 들어맞는 사람은 없었다고 한다. 나중에 프로크루스테스의 만행은 영웅 테세우스에 의해 끝이 난다. 테세우스도 프로크루스테스를 잡아 침대에 누이고는 똑같이 머리와 다리를 잘라내 처치했다고 한다. 따라서 프로크루스테스의 침대란 말은 다른 사람의 생각을 자신만의 기준에 무리하게 맞추려고 하는 해악을 의미하게 되었다.

우리는 누구나 마음속에 자신만의 프로크루스테스의 침대를 가지고 있는 것 같다. 소위 '짬밥'을 조금 먹게 되면 사회에 대한 자신의 태도나 생각이 고정되기 쉽고, 그 잣대로 타인의 의견을 쉽게 재단하곤 한다. '이 의견은 이래서 안 되고, 저 의견은 저래서 안 되지' 하면서 말이다. 타인의 의견을 듣더라도 그 내용을 위아래로 잘라 자신의 침대 길이에 맞추고는 '남의 의견을 잘 들으니 발전이 있을 거야' 하고 착각을 한다.

뚜렷한 자기 주관이 있는 것도 중요하지만, 복잡다단한 현대사회에서는 혼자의 생각이나 능력만으로는 결국 벽에 부딪히게 되는 경우가 많다. 혼자만의 생각으로 무엇인가를 이루어 보려다가 실패의 나락으로 떨어질 확률이 더 높다는 것이다. 혼자만의 생각으로 무언가 이룰 수 있는 사람은 스티브 잡스나 일론 머스크 같은 시대를 앞서가는 몇 안 되는 선각자뿐이다.

타인의 다양한 의견을 듣고 이를 수용하려고 노력하다 보면 우리가 가야 할 다음 단계의 실마리를 찾을 수도 있다. 속으로는 상대방의 이야기가 말도 안 되고, 사리에 맞지 않다는 생각이 들어도 '그래 네 이야기가 맞는 것 같아. 네 말에도 일리가 있네'라는 태도로 경청하는 것이 중요하다.

이는 무조건 타인의 의견을 수용하는 것이 아닌 최대한 타인의 이야기를 많이 듣고 그중에서 자신에게 맞는 내용을 뽑아내어 쓰는 것을 의미하게 된다. 기존에 하던 것처럼 '네 말뜻은 알겠는데 ~한 부분이 부족하니 내 방식이 더 나아' 하는 자세로는 어떠한 성공의 노하우라 할지라도 자신에게 스며들 여지가 없을 것이다.

내가 맞다고 생각했던 것들을 잠시 부정하고, 올곧이 '그래 네 말도 맞다'고 하는 태도는 누구든 쉽게 할 수 있는 행동이 아니다. 하지만 '네 의견이 맞을 수도 있다'고 하면서 이야기를 듣다 보면 자신이 깨닫지 못한 것을 조금이라도 건질 수 있을 것이다. 이를 통해 스스로의 능력만으로는 결코 얻을 수 없던 어떤 결과를 만나게 되지 않을까.

경청이 기술이라고 생각하지 않는 사람들은
그들 자신이 반만이라도 할 수 있나
시험해 봐야 한다.

_미하엘 엔데

따뜻한
관계

타인을
대하는 방법

높은 지위에 있다 퇴직한 분들이 공통으로 토로하는 아쉬움과 한탄이 있다.

'현직에 있을 때는 어떻게든 내 얼굴을 보려고 줄을 섰는데 자리에서 내려오니 그 누구도 나를 찾아오는 사람이 없다.'

꼭 높은 지위라 말할 필요도 없이 어떤 권한이나 힘이 있을 때 찾아오던 사람들이 권한이나 힘을 잃게 되면 주위 사람들이 발길을 뚝 끊는 이런 모습을 볼 때 그야말로 권력의 무상함을 느끼게 된다.

권력이 있을 때는 아첨하며 따르지만, 세력이 없어지면 냉정하게 떠나는 세상인심을 비유적으로 이르는 '염량세태(炎凉世態)'라는 고사가 있다.

옛날 중국 전국시대 강국 제나라에 맹상군(孟嘗君)이라는 일인지상 만인지하의 권력가가 있었다. 맹상군은 막강한 권력으로 세도를 부렸지만, 뜻을 이루지 못한 선비나 재주 있는 자를 모두 받아들여 그 주위에는 수천 명의 식객이 우글거렸다. 한편 제나라의 임금은 맹상군의 위세가 날로 커가는 것에 불안을 느껴, 어느 날 그의 자리를 빼앗고 나라 밖으로 추방해 버렸다. 그러자 그동안 대접을 받았던 식객들도 모두 떠나가 버리고 말았다. 나중에 제나라 임금이 잘못했다면서 맹상군을 다시 불러들여 자리를 주고 복권시키자 떠났던 식객들이 다시 그에게 모여들었다.

맹상군은 황당해서 '아니 이 자들이 무슨 염치로 다시 찾아오는 거지?' 하며 받아들이지 않으려 하자 한 핵심 참모가 이렇게 말했다.

"주군! 사람들이 아침이면 시장으로 모여들고, 저녁이면 모두 뒤도 돌아보지 않고 뿔뿔이 흩어져 가는 것은 그들이 특별히 아침 시장을 편애하고, 저녁 시장을 유달리 미워해서가 아닙니다. 저녁 시장에는 필요한 물건이 이미 다 팔리고 없는지라 떠나갈 뿐입니다. 주군이 권세를 잃자 떠나간 것이고, 다시 되찾자 모여든 것뿐이니 이는 자연스러운 것입니다."

권력이 있는 곳에 아부하고, 권력이 사라진 곳에는 매몰차게 눈길도 주지 않는 세상이 몇 천 년 전 중국이나 21세기의 현대사회나 그다지 다른 것 같지 않다.

염량세태(炎凉世態)의 고사에서 두 가지의 관점이 떠올랐다.

우선 어떤 사람에게 신세를 지거나 도움을 받았다면, 그 사람이 힘을 잃었다고 매몰차게 외면할 것이 아니라 지속적으로 좋은 관계를 가져야 한다는 것이다. 물론 처음에는 그가 나에게 뭔가 줄 수 있기에 비즈니스적인 관점에서 접촉했다 할지라도 그에게 힘이 있건 없건 도움을 받았다는 사실에 감사한 마음을 가져야 한다. 혹시 아는가? 이해관계를 넘어 따뜻한 관계를 유지하다 보면 그가 맹상군처럼 잃었던 힘을 다시 찾아 일어섰을 때 누구를 먼저 찾게 될지는 뻔한 일이지 않은가?

사회적으로 높은 지위나 인정받는 직군에 속한 당신이라면, 오는 사람 마다하지 말고 친절하게 가능한 범위에서 도움을 주는 것이 필요하다. 돈이 많거나 사회적으로 높은 지위에 있는 사람일수록 새로운 친구나 지인을 만들기가 어렵다고 한다. 모르는 사람들이 무언가를 얻기 위해 괜히 친한 척하고, 계속 엮이려고 하는 것이 뻔히 보이는지라 쉽게 마음을 열지 못한단다. 그렇다 해도 소위 '덕'을 많이 쌓아놓으면 그중 끝까지 나를 지지해 줄 몇 안 되는 진실한 사람들이 내 주변에 남아줄 테니까.

염량세태의 고사를 통해 '세상인심은 다 그런 거야' 하면서 씁쓸해할 수도 있겠지만, 지위나 권력이 아닌, 사람 그 자체로 대할 수 있는 넓은 마음을 가져야 한다는 것을 깨닫게 된다. 일을 이룸에 있어 가장 중요한 점은 사람의 지위나 권력이 아닌 그 사람의 성품과 능력이기에!

아울러 우리가 지위 고하에 상관없이 성실하게 사람을 대한다면 결국 의식 있는 사람들의 인정을 받게 되고, 소위 '진국'이라는 분들과 함께 일할 기회를 가질 수 있지 않을지.

권위는 권력이 아니라 도덕으로부터 나온다.
_발타자르 그라시안

먼저
베풀기

좋은 사람을
얻는 법

사회가 각박해지고 어려워지다 보니 '좋은 사람들과 함께하는 것'의 중요성이 더 커지고 있다. 좋은 사람과 함께 해야지만 성공의 길로 더 빨리 갈 수 있고, 삶을 함께하는 동반자로서 좋은 사람들과 함께해야 한다는 것은 상식인 것 같다.

좋은 사람을 얻는 방법으로 '일단 받을 보상은 나중에 생각하고 상대방에게 먼저 베풀라'는 말이 있다. 흔히 '베푼다'라고 하면 물질적인 것을 나누는 것으로 생각하지만, 다른 사람을 위해 기꺼이 시간을 내어주는 것이나 남들이 꺼리는 일을 솔선수범하는 것도 넓은 의미의 베풀기라고 할 수 있다. 결국 베풀기는 남에게 득이 되는 일을 하는 것이라고 정의할 수 있겠다.

좋은 사람을 만나기 위한 베풀기의 효과는 어떤 것이 있을까. 우선, 베풀기를 하면 좋은 평판을 얻게 된다. 물론 이를 이용하려 드는 사람도 있겠지만, 대부분 베풂으로써 얻은 좋은 평판은 다른 사람들의 인정을 받게 된다. 특히 좋은 평판은 이직이나 비즈니스 기회가 있을 때 훌륭한 사람을 만나 상의할 기회를 늘려주게 된다. 좋은 사람의 경우 나름 사람 보는 안목이 있기에 평판의 시험대를 통과하게 되면 내가 원하는 기회에 더 가까이 다가갈 수 있는 것이다.

다음은 베풀기를 통해 사람에 대한 필터링이 가능하게 된다. 흔히 외견상으로는 이 사람이 좋은 사람인지 아닌지 파악하기 어렵다. 처음 만나는 사람끼리는 대부분 일종의 가면을 쓰고 있는 경우가 많다. 이런 경우 상대방이 좋은 사람인지 확인해 보려면 먼저 약간의 선심을 써서 베풀어 보는 것이다. 대부분 호의를 받으면 이를 돌려주려고 하는 것이 인지상정인데, 상대방이 별 반응을 보이지 않는다면 일단 멀리해야 한다는 게 결론이다.

대부분 상대방이 무엇을 해주었는가를 먼저 생각하고, 그다음 어떻게 대응할지를 생각한다. 믿을 사람이 점점 적어진다고 하는 각박

한 사회에서 옳은 선택일 수도 있지만, 일을 도모하거나 삶을 영위해 나갈 때 타인과의 관계 형성이나 도움 없이는 원하는 바를 쉽게 이룰 수 없다. 조금 손해 보는 한이 있더라도 먼저 선의를 베풀어 결국 좋은 사람과 만나는 기회가 늘 수 있다면 그다지 손해 보는 장사는 아닐 듯하다.

마지막으로 베풀기는 자연스러워야 할 것 같다. 목적을 가지고 베풀기를 한다면 상대방도 바보가 아닌 이상 이를 알아채고 경계할 테니까. 베풀기의 원래 목적은 남을 이롭게 하는 것이니까.

> 부가 있으면 남에게 호의를 베풀 수 있지만,
> 품위와 예의를 갖춰 베푸는 데는
> 부 이상의 것이 필요하다.
> _찰스 칼렙 콜튼

겸손
하기

타인의 호의를
얻는 방법

'겸손의 미덕'에 대한 글은 한도 끝도 없이 많다. 그만큼 겸손에 대해 강조하는 것은 그만한 이유가 있다는 것이다. 특히 이런 겸손의 미덕은 사회생활에서의 처세에도 활용될 수 있다.

사회생활에 있어 겸손과 실력은 서로 짝을 이뤄 다닌다. 겸손과 실력의 조합은 다음 네 가지 경우로 나눌 수 있다. ① 실력도 없는데 오만한 경우 ② 실력이 있는데 겸손한 경우 ③ 실력이 있으면서 오만한 경우 ④ 실력이 없는데 겸손한 경우

① 실력도 없는데 오만한 경우는 볼 것도 없다. 이는 단지 남들의

관심을 끌어보고자 허세를 부리는 것을 말한다. 예를 들어, '나는 예전에 ○○기관에서 △△업무를 해보아서 ~ 정도야 단번에 할 수 있다'는 식으로 사기 행각을 벌이는 경우다. 이들은 본모습이 드러나면 비난을 넘어 사회에서 매장되는 지경에 이르게 된다.

② 실력도 있으면서 겸손한 경우는 누구나 인정하는 실력자이다. 그저 '아, 저 그런 사람 아닙니다. 그저 운이 좋아 해냈을 뿐입니다' 하고 손사래를 치곤한다. 이들은 실력으로만 평가받는 것이 아니라 플러스알파, 실력과 인격이 겸비된 지성으로 찬양받는다.

③ 실력이 있는데 오만한 경우는 좀 애매하다. 타인을 압도하는 실력이 있으면서 과도한 자신감과 자긍심이 충만해 있다. 어느 투자 설명회에 나온 한 전문가는 경제에 대한 통찰력, 투자의 핵심 포인트, 미래 전망에 대해 감탄사가 나올 만큼 훌륭한 지식을 설파했지만 자신의 말이 무조건 맞다는 식으로 말하는 경향이 있었다. 머리로는 '아, 대단하다'고 하지만 가슴으로는 '저 사람 재수 없다'는 생각이 들게 한다. 실력이 있는데 겸손하지 못하면 자신의 본래 가치를 다 보여줄 수 없는 상황에 직면하게 된다.

④ 실력은 없지만 겸손한 경우는 어쩌면 자신이 보유한 실력에 대

해서 과대포장하는 경우라고 할 수 있다. 예를 들어, '나는 예전에 ○○기관에서 △△업무를 해보았지만 아직 부족한 면이 많습니다'라고 진실을 이야기했는데, 듣는 사람으로 하여금 '이 사람 실력 있고 인성도 좋은 사람인가 봐?' 하는 오해가 생기게 되는 것이다. 이는 상대방으로부터 호의를 얻기도 하고 기대치를 무의식적으로 낮추는 효과도 불러오기에 업무 수행이 조금 편해진다는 장점이 있다.

평범한 우리는 '실력이 없지만 겸손한 자세'에 집중하여 처신해야 할 것 같다. 우리는 '내가 이 업무의 최고봉이다'고 할 수 있는 실력을 갖춘 것이 아니다. 괜히 어설프게 아는 척해서 비난받는 것보다 '겸손의 처세술'을 발휘해 타인의 호의를 얻는 작업부터 해야 하지 않을까.

적을 만들기 원한다면
내가 그들보다 잘났다는 것을 주장하면 된다.
그러나 친구를 얻고 싶다면
그가 나보다 뛰어나다는 것을 느끼도록 해주어라.
_라 로슈코프

손해를
감수하기

오히려 이익을
얻는 방법

비즈니스를 하거나 인간관계를 유지하는 철칙은 무엇일까? 여러 가지가 있겠지만 바로 '기브 앤 테이크(Give and Take)'라 하겠다. '가는 정이 있어야 오는 정이 있다'라는 속담이 있듯이 '내가 이것을 주었으니 너도 상응하는 대가를 내놓아야 한다'는 것이다.

기브 앤 테이크는 어떻게 보면 매우 공정한 룰인 것 같다. '줄 건 주고, 받을 건 받자' 하며 서로의 화목함이 연상될 수도 있지만, 현실에서는 이 기브 앤 테이크가 제대로 작동하지 않는 것이 일반적이다. 오로지 받고자 하는 주체만 늘어나는 상황에서 '내가 무엇을 주면 나중에 조금이나마 돌려받을 수 있을까' 하는 생각이 들 때가 많다.

그래서 우리는 '한 걸음 물러서면 다음은 열 걸음, 그다음은 백 걸음을 물러서야만 한다'면서 자신의 이익을 지키기 위해 '임전무퇴'의 정신으로 싸워나가게 된다.

호혜성 원리는 호의나 은혜를 입었을 때 보답해야 한다고 여기는 심리라고 하는데, 대부분이 이를 지키려고 노력한다고 한다. 인간관계를 풍족히 하거나, 영업을 성사시키는 중요한 요소는 '상대방 또는 고객에게 마음의 빚을 지게 했는가'라고 생각할 수 있다.

인간관계나 영업은 한 번으로 끝나는 것이 아니라 계속해서 흐름을 이어가야 한다. 예를 들어, 저 사람이 나 때문에 손해를 보았다거나, 저 사람이 나에게 양보해 주었다고 생각할 경우, 그는 나중에라도 우리가 입은 손해를 보상하기 위해 움직여 주는 것이 일반적이다. 물론 배려만 받고 '배 째라' 할 경우도 있는데, 이는 지위 고하를 막론하고 바로 손절하는 것이 답이다.

여러 프로젝트를 수행하다 보면 원만히 흘러가기도 하지만, 종종 중간에서 클라이언트의 추가 요청이 들어오거나, 시행 내용이 갑작스럽게 변경되어 별 수익이 없더라도 수용해야 할 때도 있다. 이때 이득만 챙기고 나 몰라라 하는 클라이언트도 있지만, 대부분 다른 일이나 좋은 사업거리가 생기면 재발주하거나 소개해 주는 경우도 있어 약간의 손실을 감내하는 것이 더 유리할 수도 있다.

연세대 철학과 김형철 교수는 인문학 콘서트에서 '성공하려면 손해가 큰 쪽을 선택하라'고 하면서 '너 같으면 손해를 알면서도 동행하려는 친구를 선택하겠느냐, 손해를 안 보려고 기를 쓰는 친구와 동행하겠느냐'고 질문한 적이 있다. 둘 중 누구를 선택해야 할지 정답이 바로 나온다.

하나의 기회를 상실했다고 낙담하지 말고 버티고 기다리다 보면 새로운 기회가 찾아온다. 그 새로운 기회는 혼자 찾는 것은 거의 불가능하나 그 연결은 내게 호의적 감정을 가진 사람에게서 비롯되는 것이 대부분이다. '내 것은 절대 잃을 수 없다' 하고 상대방과 투쟁하는 것이 아닌, 미래에 대한 소소한 투자라고 생각하고, 감당할 수 있는 범위 내에서 약간 손해를 보거나 양보하는 것은 어떨까? 오늘의 손해가 미래의 새로운 기회로 치환될 것을 기대하면서.

경영과 인간관계에서 일순간의 손해는
결국 성공을 위한 에너지를 재창출한다.
_서정락 《손해의 경제학》

체면
내려놓기

진짜로 원하는 것을
얻는 방법

영화 〈베테랑〉에서 나오는 명대사가 있다.

'야! 우리가 돈이 없지 가오가 없냐!'

극 중에서 한 형사가 재벌을 옹호하는 동료 형사에게 말한다.

'너 돈 먹었지? 우리가 돈이 없지 가오가 없어? 수갑 차고 다니면서 가오 떨어질 짓 하지 말자.'

배우 황정민이 연기하면서 당당하게 가오를 지키자고 말한 장면으로 수많은 패러디를 양산해낸 바 있다.

'가오'는 일본말로 얼굴이라는 뜻이지만, 체면이나 자존심을 의미하기도 한다. 우리는 이 '가오'를 지키기 위해 신경 쓰고 있는 것이 현실이다. 그 누군가 나의 체면과 자존심을 공격한다면, 절대 봐주지 않고 결사 항전할 각오가 되어있다. '어디 감히 내 자존심을 건드려? 너 죽고 나 죽자' 뭐 이런 식이다.

우리는 왜 이렇게 체면과 자존심을 지키기 위해 고군분투하는 걸까? 남으로부터 인정받고자 하는 욕구가 강해서 일 것이다.

저명한 심리학자 하버드대 윌리엄 제임스 교수는 인간의 기본 성향 중 가장 강한 것은 '다른 사람에게 인정받고자 하는 갈망'이라고 했다. 《무소유》를 쓰신 법정 스님도 '다른 건 다 포기해도 인정의 욕구만큼은 포기할 수 없다'라고 한 적이 있다.

그렇지만 내 체면과 자존심을 실제 업무나 중요 사안 처리보다 우선했을 때 벌어지는 결과에 대해서도 잘 알고 있어야 한다. 운동할 때 '가오가 육체를 지배'하게 되면 잠시 남들 앞에서 멋있게 보일지는 모르겠지만 통증 후유증으로 고생하기도 한다.

또 거래처가 나를 무시한다는 생각에 욱해서 회사의 중요한 프로젝트를 망가뜨리기도 한다. 부부지간에도 자존심 내려놓고 조금만 더 참으면 되는데 이게 안 되어 핵 전쟁급 부부싸움으로 이어지기도 한다.

한나라와 초나라 천하 쟁탈전의 실질적 주역이며, 역사상 최고의 지휘관을 논할 때 빠지지 않고 거론되는 불세출의 명장이 한신이다. 그와 얽힌 일화에서 '과하지욕(袴下之辱 : 남의 가랑이 밑을 지나는 치욕)'이라는 고사성어가 나온다.

젊은 시절 그는 종종 긴 장검을 차고 읍내를 걸어 다니곤 했다. 하루는 시장을 지나는데 불량배가 다가와 시비를 걸었다.

"네가 뭐라고 칼을 차고 다니냐? 보기에 칼도 쓸 줄 모르는 것 같은데, 한번 나하고 붙어 볼까? 그거 못하겠으면 내 가랑이 밑으로 지나가면 용서해 주마."

한신은 잠시 생각해 보더니 그 불량배의 두 다리 사리로 기어갔다. 이를 지켜본 많은 시장 사람들은 한신을 겁쟁이라며 '가랑이 사이로 지나간 놈'이라 불렀다. 하지만 그는 결국 역사에 길이 남는 명장이 되었다.

바로 눈앞의 문제에 흥분해서는 안 된다. 일시적 굴욕을 견디고 상황에 침착하게 대응하여 미래를 계획하는 사람만이 발전할 수 있다. 명장 한신은 이 사실을 알았기에 잠시 체면을 내려놓고 자신의 길을 간 것이다.

우리가 한신처럼 절대적인 체면 내려놓기를 하는 것은 너무도 어려운 일이다. 그러나 내가 진짜로 원하는 것을 얻기 위해 잠시 몸을 굽히는 것은 세상살이에서 반드시 필요한 지혜임을 알아두자.

체면은 무슨, 체면이 밥 먹여 주냐?
_작자 미상

장점만
취하기

타인을
판단하는 방법

다른 사람의 잘못이나 단점은 눈에 잘 띄는 경우가 많다. '네 눈의 들보는 보지 못하는가'라는 말이 있듯이, 네 허물을 감추면서 타인의 단점을 지적하지 말라는 당부를 듣건만 쉽지 않은 일이다. 타인의 사소한 단점에도 흥분하여 삿대질하는 것이 우리네 일상이다. 정치인들의 상대 진영 공격, 동네 아주머니들의 수군거림, 직장 내 부서 간 갈등 등 모두가 상대방의 단점을 쉽게 이야기하는 데서 비롯된다. 이럴 때일수록 타인의 장점에 집중할 필요가 있다.

중국 삼국시대 오나라의 군주 손권은 당대의 영웅 조조와 유비에 조금도 뒤지지 않는 자신만의 치세를 이루었다. 그의 통치 스타일은 바로 '장점을 높이 사고, 단점은 잊어버려라'라는 것으로 요약할 수 있다.

조조와 유비에 비해 상대적으로 유명세가 덜해 인재 모으기가 어려웠던 손권은 '장점 취하기'를 묘수로 삼아 자신이 보유한 인재의 능력을 최대한 발휘할 수 있게 했다. 조조에게 순욱이 있고, 유비에게는 제갈량이 있었다. 반면 손권의 유명한 인재로는 책사 노숙, 그리고 삼국지 최고의 명장 관우를 잡은 용장 여몽이 있었다. 노숙은 제갈공명에게 속아 영토를 빼앗긴 적이 있고, 여몽은 학문이 미천하였다. 하지만 손권은 그들의 장점만을 취하여 인재로 만들어 그 이름을 세상에 떨치게 했다.

다음은 조선 초기 세조(世祖)~성종(成宗) 때 활동한 문신 강희맹이 '장점 취하기'의 중요성에 대해 왕에게 간언한 내용이다.

"이 세상에 완벽한 재능을 가진 사람은 없습니다. 모든 일을 다 잘해낼 수 있는 사람이 없는 법이니 단점을 버리고 장점을 취해야 합니다. 만일 결점만 지적하고 허물만 적발한다면, 현명하고 유능한 사람이라도 제 능력을 펼칠 수가 없게 됩니다."

'장점을 취한다'는 '능력만 출중하면 덮어놓고 쓴다'라는 개념과는 다르다. 이는 어쩌면 부족한 사람들이 함께 길을 가도록 하는 지혜일 수도 있다. 우리는 원래 부족하고 단점이 많은 존재들이다. 부족한 사람들이 모여 있으면 일이 잘되지 않는 것이 정상이나, 그나마 서로의 장점을 응원하고 부각시켜 이를 잘 발휘하면 난관을 극복하는 큰 힘으로 작용할 수 있다.

그런데 우리는 아무리 잘해도 타인의 단점이 먼저 눈에 들어오고, 그에 의해 사람을 판단하는 경우가 부지기수다. 그렇다면 단순하지만 이렇게 하면 어떨까? 판단할 사람의 장점과 단점을 나열해 보고, 장점이 단점을 덮으면 그 사람과 함께 가는 것이고, 그 반대이면 헤어져서 각자의 길을 가는 것이다. 물론 우리는 평범하기에 장점과 단점의 판단 기준이 일관적이지 않을 수도 있다. 그러나 내 앞에 있는 사람이 인생의 동반자일지도 모르는데, 눈앞 단점에 매몰되어 소위 '귀인'을 놓치게 되는 결과를 초래하지는 않을지 심사숙고할 일이다.

> 어리석은 자의 특징은 타인의 결점을 드러내고,
> 자신의 약점은 잊어버리는 것이다.
>
> _키케로

바보처럼
살기

인생을 수월하게
사는 방법

선천적으로 뛰어난 능력을 지닌 천재, 지능이 낮아 사물을 제대로 판단하지 못하는 바보, 여러분은 천재와 바보 중 어떻게 평가받고 싶은가? 지기 싫어하고 나서기 좋아하는 것이 인간의 본성인지라 누구든 천재로 살기를 원하고, 천재로 평가받기를 원할 것이다.

그런데 천재보다 바보로 사는 것이 나을 때가 있다면? '모난 돌이 정 맞는다'라는 말도 있지만, 타인을 압도하는 역량을 보유하지 않는 한 바보로 살아가는 것이 좀 더 편하게 사회생활을 하는 지혜라는 생각이 들 때가 있다.

완벽한 천재(소위 스티브 잡스나 아인슈타인 등 시대를 지배하는 사업가

나 위대한 지성)에게는 그 능력이 너무도 뛰어난 나머지 섣불리 공격했다가는 오히려 본인에게 피해가 돌아올까 선뜻 공격할 엄두가 안 난다.

그런데 일반적 천재(회사 에이스, 학교 우등생)들은 상당히 위험한 위치에 있다고 할 수 있다. 예를 들어, 회사에서 모든 업무를 척척 잘 해결해 나가면 인정받아 승승장구하는 아주 좋은 케이스가 될 수도 있다. 하지만 대부분은 일 잘하는 노예로 간주되어 하나둘 추가로 부과되는 업무에 치여 허덕이는 경우가 생기게 된다. 그리고 업무에 어려움을 겪는 직장동료가 안쓰러워 선의로 이런저런 조언을 해주었다가 '잘난 척한다'는 평가를 듣거나 재수 없는 사람으로 간주되는 등 난관에 봉착하게 된다.

최근 읽은 《바보경》에는 세상의 온갖 위험에 대처하는 최고의 기술이 '바보처럼 행동하는 것'이라고 하면서 '난득호도(難得糊塗 : 총명하기는 어렵고 총명한 사람이 어리석어 보이기는 더욱 어렵다)'라는 말이 나온다. 청나라 문학가 중 8대 괴인으로 알려진 정판교가 처음 사용한 이 말은 중국 고도의 처세술로 잘 알려져 있다. 혼란한 세상에서 자신의 능력을 드러내면 화를 당하기 쉬우니 자신의 색깔을 감추고 그저 바보인 척 살아가라는 숨은 뜻이 담겨 있는 셈이다.

실제 사회에서 만나는 초고수들의 경우 외견상으로는 그냥 평범하게 보이거나, 오히려 부족해 보이는 경우가 더러 있다. 그들은 이미 난득호도의 지혜를 깨달아 주위의 견제나 질시를 피하고 있을지도 모르겠다. 견제와 질시만 없어도 내 페이스대로 꾸준히 자기 발전을 할 수 있다는 것은 너무나 당연한 일이다.

험한 세상에서 자신의 능력을 확실히 보여주는 것도 중요하지만, 가끔 나사 하나쯤 빼고 '나는 위험하지 않다, 나는 어수룩하다'고 해야 할 필요가 있는 것 같다. 그래야지 시기와 질투, 험담에서 자신을 지킬 수 있을 것 같다는 생각을 해본다.

> 총명해 보이기도 어렵지만
> 어리석은 사람처럼 보이기도 어렵다.
> 총명한데 바보처럼 보이기는 더욱 어렵다.
> 내 고집을 내려놓고 일 보 뒤로 물러나면
> 하는 일마다 편할 것이다.
> 이렇게 하면 의도하지 않아도 나중에 복이 올 것이다.
>
> _정판교《바보경》

배려와
관용

타인의 호의를
얻는 방법

최근 개인의 다양성 및 개성을 존중하는, 즉 '다원성'이 사회적 트렌드가 되고 있다. '다원화 사회'란 개인의 개성이나 능력을 존중하고, 개인이나 집단이 추구하는 원칙이나 가치관, 목적 따위가 다를 수 있음을 인정하는 사회라고 한다.

우리는 이론적으로는 다양성을 존중하고 '당신은 틀린 것이 아니라 다르다'는 사실을 인정한다. 하지만 나와 다르거나 내 기준에 맞지 않는 일이나 행동을 하는 사람을 만나게 되면, 다양성 존중이라는 대의를 잊고 삿대질을 해대는 것이 일반적이다.

한국행정연구원 조사에서 우리 국민의 사회갈등 원인으로 '개인, 집단 간 상호 이해 부족'을 가장 많이 꼽았다고 한다. 우리는 확실히 타인에 대한 배려나 관용이 부족한 것이 사실인 것 같다.

'남의 눈에 티끌은 보면서 제 눈의 대들보를 왜 보지 못하는가?' 하는 유명한 격언이 있다. 누군가 실수하거나 잘못했을 경우 바로 손가락질하며 "무슨 사람이 그렇게 예의가 없냐?", "뭐 저런 사람이 다 있지" 하며 상대방을 폄하하거나 무시하곤 한다. 사실 우리도 알게 모르게 수많은 실수를 저지르고 어처구니없는 사고도 치며 피해를 입힌다.

사회적 해악을 일으키거나 법을 위반하지 않는 한, 상대가 이상한 행동을 하거나 실수하면 바로 공격할 것이 아니라 '그럴 수도 있지', '원래 그런 거지' 하는 등 관용하는 태도를 보이는 것은 어떨까? 배려와 관용을 베풀면 잊지 않고 있다가 내가 실수하거나 이상한 행동을 하더라도 '그럴 수도 있지요' 하며 배려하는 것이 인지상정이다. 그렇다고 업무를 진행하면서 '좋은 게 좋다'는 태도를 견지하면 큰일 날 일이다.

인간관계 형성에서 관용과 배려를 베푼다면 처음에는 손해를 보는 것 같아도 나중에는 오히려 호의가 되어 돌아오게 될 것이다. 어떤 일이나 업무를 추진할 때 상대방의 호의를 얻는 것만큼 확실히 좋은 방안은 드물다. 살아가면서 관용과 배려를 통해 타인의 호의를 얻게 된다면 추후 일을 추진하거나 도모하는 데 매우 유익한 상황이 될 것은 의심할 여지가 없을 것이다.

호혜(互惠)라는 뜻을 가진 'reciprocity'는 똑같이 주고받는다는 의미의 라틴어 reciprocus에서 온 말이다. 이는 '기브 앤 테이크(GIVE AND TAKE)'의 의미로 즉 혜택(benefit)이든 손해(harm)든 받은 만큼 돌려준다는 것을 의미한다. 무엇인가를 얻기 위해서는 먼저 약간의 손해를 보는 것이 필요하다.

'기브(GIVE)'의 항목으로써 타인에 대한 배려와 관용을 타인에게 베풀면, '테이크(TAKE)'의 항목으로 상대방도 나에게 관용과 배려를 보여줄 것이다. 이것이 살아가는 데 있어 꼭 필요한 지혜가 아닐지.

남을 존중하고 소중히 하며 넉넉히 용서하는 마음,
타인의 미숙함을 관용하는 아량,
이러한 성격의 소유자는 많은 사람을
끌어당기는 힘과 능력을 모두 소유한 것이다.

_《명심보감》

상대방의 입장에서
생각하기

갈등을
줄이는 방법

사회적 갈등은 어제오늘의 일이 아니다. 직장 내 상하 관계, 업체 간 갑을 관계, 젠더 갈등, 학교폭력, 다문화사회의 인종차별, 좌우의 이념 대립에 이르기까지 사회적 갈등 요소가 난무한다.

삼성경제연구소에 따르면, 사회적 신뢰의 결여로 1인당 GDP의 27%, 최대 246조 원이 사회적 갈등관리 비용으로 쓰이고 있다고 한다. 우리 사회의 많은 갈등이 자신과 생각이 다른 사람들을 인정하지 않는 것에서 비롯된다고 할 수 있다.

상대와 처지를 바꾸어 생각하라는 '역지사지(易地思之)'라는 사자성어가 있다. 이는 《맹자(孟子)》의 〈이루편(離婁編)〉에 나오는 '역지

즉개연(易地則皆然)'이라는 표현에서 비롯된 말로써 상대편의 처지나 형편에서 생각해 보고 이해하라, 즉 '입장 바꿔 생각해 보라'는 말이다. 그런데 요즘은 상대방의 입장은 전혀 고려하지 않고 '나는 맞고 너는 틀리다'는 '내로남불'이 유행하고 있다.

미국 뉴욕의 어느 지하철 안에서 일어난 일이다. 30대 남자가 아이들을 데리고 지하철을 탔는데, 아이들이 고함을 지르며 소란을 피우기 시작했다. 승객들은 그 아이들을 쳐다보면서 못마땅한 표정을 지었고, 이내 아이들의 아버지에게 불만의 눈길을 보내기 시작했다. 그런데 이상하게도 아이들의 아버지는 잠자코 눈을 감고만 있었다. 그때 한 승객이 아이들이 너무 시끄럽다고 지적하자 그가 말했다.

"지금 우리는 병원에서 돌아오는 길입니다. 얼마 전 아이들 엄마가 세상을 떠났는데. 저는 지금 무엇을 해야 할지 모르겠습니다."

사회생활을 하다 보면 단편적인 일에 의문이 드는 때가 많다. 예를 들어, 저 사람은 왜 저렇게 느리게 일을 처리하지? 저 사람들은 왜 툭하면 시위일까? 왜 저 사람은 꼭 고리타분한 소리만 하는 걸까? 요즘 젊은 친구들은 왜 공무원을 선호하지? 등이다.

이를 상대방의 입장으로 생각해 보자. 일을 느리게 처리하는 사람은 계약 체결에 관한 중요 자료들을 신중하게 검토하다 보니 늦어졌다, 시위를 하는 경우 백방으로 어려운 사정을 알리려 했지만 아무도 관심을 보이지 않아 최후의 방법으로 거리에 나왔다. 꼰대 소리를 하는 상사의 경우 자신의 실패를 부하직원들이 겪지 않도록 세세하게 따지다 보니 잔소리가 많아졌다, 공무원을 선호하는 젊은이들의 경우 기업체의 채용이 너무 적으니 그 대안으로 공무원에 지원할 수밖에 없다는 등의 이유가 생긴다. 환경이나 여건이 달라진 게 없는데도 한 사람이 처한 구체적인 상황을 이해할 경우 '아! 그럴 수도 있겠구나' 하면서 보는 관점에 변화가 생기게 된다.

물론 상대방의 입장으로 일을 처리하는 것이 언제나 옳은 것은 아니다. '내 처지는 생각해 봤어?' 하고 상대를 공격하는 데 사용할 수도 있기 때문이다. 수많은 사람이 각자 다른 생각을 하고 있어 갈등이나 논쟁이 발생하는 것은 당연하다. 그렇지만 상대방의 처지를 조금만 생각해 본다면 갈등의 소지를 제거하거나 분란이 일어나더라도 최소한으로 막을 수 있지 않을까 한다. 조금이나마 상대방을 이해함으로써 더 나은 세상을 만드는 한 걸음이 될 수 있기를 바라면서.

> 그 사람의 신발을 신어보기 전에
> 그 사람을 평가하지 말라.
> _인디언 속담

마무리의
중요성

\

결과를
내는 방법

사회생활을 하다 보면 의욕이 넘쳐 한꺼번에 여러 가지 일을 벌이는 사람을 만나게 된다. 가만히 있는 것보다는 활발히 업무를 넓혀가는 것이 나을 수도 있지만, 문제는 일의 마무리가 제대로 안 된다는 것에 있다. 일을 시작하거나 벌리는 것은 누구든 할 수 있지만, 일을 마무리 짓거나 결과를 내는 사람은 별로 없다는 것이다.

야구에는 중간계투와 마무리 투수가 있다. 선발 투수가 제구력이 떨어질 때, 또는 투구 수가 많아 지쳤을 때 등판하는 것이 중간계투다. 마무리 투수는 경기 종료가 얼마 남지 않고 점수가 얼마 차이가 나지 않을 때, 주로 경기에 종지부를 찍기 위해 마지막 이닝만 책임을 진다. 통상적으로 중간계투 중 가장 강력한 투수가 마무리를 맡는 것이 보통이다.

하지만 마무리 투수와 중간계투의 위상은 하늘과 땅 차이다. 심지어 중간계투는 경기 상황에 따라 종종 2~3이닝을 던지기도 하지만, 마무리 투수는 단지 1이닝만 깔끔히 막아줘도 상대적으로 높은 몸값을 받는다.

야구 경기에서도 마무리에 대해 이처럼 중요성을 부여하는데 사회나 일상생활에 있어 마무리의 중요성은 두말할 필요가 없다.

성공한 한 중소기업의 대표는 '사업은 벌이고 수습하는 일의 반복이다'고 하면서 마무리의 중요성에 대해 알려준 적이 있다. 그는 사업을 시작했으나 마무리가 안 되어 수익을 내지 못하고 사라지는 기업들이 허다하다고 한다. 따라서 신규 사업이 수익을 내고 성공하려면 일을 다듬고 마무리 해내는 능력이 중요한데 이것이 바로 사업 성공의 노하우라는 것이다.

행백리자 반어구십(行百里者 半於九十)이라는 고사성어가 있다. '백리를 가려는 자는 구십 리를 가고서 반쯤 갔다고 여긴다'라는 뜻인데, 무슨 일이든 마무리가 어려우므로 끝까지 최선을 다해야 한다는 의미를 담고 있다.

예를 들어, A라는 프로젝트를 진행하다 이를 마무리하지 않고, 다른 프로젝트 B를 시작했다고 하자. 그러면 프로젝트 A는 마무리가 안 되어 결과가 나오지 않은 상태이기에 결과는 투입한 시간만 허비한 것이라 볼 수 있다. 혹 A가 50% 이상 진척된 상태이고 나중에 손보면 결과를 낼 수 있다 할지라도 마무리가 안 된 상태라면 90% 정도 진척되어도 50점밖에 줄 수 없는 상황이다.

요즘 세상은 너무도 복잡하여 듣도 보도 못한 새로운 일들이 생기고, 그 기회를 잡기 위해 여러 가지 일들을 전개해 나가는 경우가 더러 있다. 새로운 기회를 찾아 일을 전개하는 것도 중요하겠지만, 만약 기존에 진행되고 있는 프로젝트나 업무가 있다면 1차로 마무리를 지은 후 새로운 기회로 나아가는 것을 권한다. 바로 이것이 삶을 효율적으로 살아가는 방법 중 하나가 되지 않을까 싶다.

> 시작하는 재주는 위대하지만,
> 마무리 짓는 재주는 더욱 위대하다.
> _H.W. 롱펠로

삶의
태도

한 번에
하나씩

한정된 자원을
집중하는 방법

　　멀티태스킹은 한 번에 2가지 이상의 일을 동시에 처리하는 것을 의미한다. 현대인들은 처리해야 할 일들이 엄청 다양하고 종류도 많아서 자신도 모르게 멀티태스킹하는 인간으로 변해야 한다.

　예를 들자면, 급한 상사의 업무지시 사항을 처리하고 있는데 하필 그때 주요 거래처 담당자로부터 전화가 와서 '어려운 문제가 생겼는데 처리 방안을 좀 상의하자'고 한다. 열심히 전화통 붙잡고 거래처 담당자와 씨름하고 있는데 회사 내 다른 직원이 와서는 '취합할 자료를 너만 안 냈다'며 바로 옆에 죽치고 서 있다.

　이렇게 현대인들은 멀티태스킹을 하기 싫어도 해야만 하는 상황에 있는 것이 확실하다. 한정된 시간에 다양한 업무를 처리해야 한다면 멀티태스킹은 당연하다고 하겠다.

삶의 방향성을 정하거나 자신의 목표 단계를 밟아 나갈 때도 이것 저것 시도해 보는 멀티태스킹이 횡행하고 있다. 그런데 이런 방식의 접근이 도움이 되는지 한번 고민해 볼 필요가 있다는 생각이 든다.

꿈은 많을수록 좋고 포부는 원대할수록 좋다. 당연히 삶에서도 많은 것을 경험하고 시도해야지 자신이 가야 할 길을 찾을 수 있다. 그런데 문제는 벌여놓은 것은 많은데 마무리되는 게 별로 없다는 것이다. 성공하든 실패하든 하나라도 마무리해야 하는데 그러지 못하면 새로운 길을 가는 데 걸림돌이 되고 마는 상황이 발생한다.

투자 분야의 예를 들어보자. 주변에서 주식이나 코인, 부동산으로 돈을 벌었다는 이야기가 많이 들리다 보니 이것저것 조금씩 손을 대보지만 별 소득이 없다. 돈을 벌려면 한곳에 집중해 프로세스 전체를 끝까지 경험해 봐야 실제 수익을 낼 수 있는지, 나에게 맞는지를 파악할 수 있다. 여러 가지에 손대서 이를 주워 담지 못하니 원하는 수익을 얻을 수 없는 형편이다.

자기 계발을 하자고 독서도 하고, 좋은 강의도 듣고, 블로그에 1일 1포스팅도 해본다. 일단 하나를 선택해 자신에게 맞는지 꾸준히 해

보고, 맞지 않으면 새로운 길로 전환해야 하는데, 동시다발적으로 무언가를 시도하다 보면 이것도 저것도 아니게 된다.

빨리 성공하고 싶은 마음에 이것저것 시도하나 사람의 역량에는 한계가 있기 마련이고, 의욕만 앞서 한꺼번에 여러 가지를 시도하면 곧 벽을 만나게 된다. 물론 빨리 성공하고 싶은 마음도 이해한다. 하지만 벌여놓은 것 하나만이라도 잘 마무리해야 다음 단계로 나갈 수 있음을 깨닫는 것이 중요하다.

우리가 삶의 길을 결정할 때 여러 방향성을 검토하는 것은 권장할 만한 일이다. 하지만 이를 실행하고자 여러 가지를 동시에 수행하는 것은 그다지 효율적이지 않다고 본다. 성공에 대한 의욕을 잠시 진정시키고, 이미 진행되고 있는 사안을 점검해 보자. 그중에서 일단락 지을 수 있는 것은 먼저 마무리하는 것이 어떨까? 한 번에 하나씩 잔가지를 쳐나간다면 결국 가장 적합한 선택지가 남을 것이고, 그곳에 우리의 자원을 집중하면 더 좋은 결과를 기대할 수 있을 테니까.

한 번에 한 가지 이상의 문제를
바구니에 담아서 짊어지지 마라.
_에드워드 에버렛 헤일

꼰대 소리의 역설

자신을 보완하는 방법

우리 사회에서 추방해야 할 인종(?)으로 꼰대가 꼽힌다고 한다. 구태의연한 사고방식을 타인에게 강요하는 직장 상사나 나이 든 사람을 가리키는 말이 꼰대라고 한다. 사회에서 이런 꼰대와 마주치게 되면 그 피곤함이란 이루 말할 수가 없다.

직장 상사가 지각한 신입사원에게 말한다.

"내가 신입일 때는 한 시간 전에는 무조건 회사에 출근해 있었는데, 요즘은 왜 이렇게 시간관념이 없어?"

이렇게 일장 연설을 하는 꼰대는 어느 직장이나 조직에서 늘 볼 수 있는 광경이다. 지금 이 시간에도 어딘가에서 불쌍한 직원들을 대상으로 꼰대 소리가 울려 퍼지고 있을지도 모른다. 사회생활을 좀 한 나도 꼰대 소리를 들을 만큼 들었는데, 시간이 지나고 보니 그 내용만 따지면 대부분 옳은 말이라는 역설적인 생각이 든다.

꼰대들은 대부분 본인은 지키지 않으면서도 상대방의 잘못을 기가 막히게 찍어 지적하는 경우가 많다.

'라떼는 말이지, 회사가 시키면 불평 않고 야근했어.'

'왜 당신은 일을 설렁설렁해?'

'요즘 것들은 시간개념이 없어!'

꼰대 소리가 듣는 이의 마음을 상하게 하지만, 그 내용만 보면 사회생활의 지혜로서 들을 가치가 있다는 역설이다.

꼰대 소리의 대부분은 '너는 ~~을 하지 않는다' 혹은 '너의 ○○ 자세나 태도가 잘못되었다'로 구성된다. '늦지 마라, 일 열심히 해라, 인사 잘해라, 태도 똑바로 해라'는 말은 듣기엔 거북할지라도 사회생활에서 정말 중요한 예의고 지침이 된다. 누구든 사회생활 초기에는 '자기나 잘하지 왜 나한테 난리야' 하는 생각이 들겠지만, 그 내용을 따져보면 사회생활에서 당연히 지켜야 할 에티켓이나 룰을 설파하는 내용이 들어가 있기 때문이다.

물론 힘들겠지만 꼰대 소리를 받아들일 때, 상사나 윗사람에게 잘 보이기 위한 것이 아니라 자신의 위치나 행동을 점검하는 계기로 활용해 보는 것은 어떨까?

예를 들어, '왜 너는 일을 설렁설렁해? 라떼는 안 그랬는데'라고 하면 '맡은 업무를 더 꼼꼼히 처리해야겠네'로, '라떼는 회사가 시키면 불평 없이 야근했어'라고 하면 '워라벨도 중요하지만 필요하면 일을 더 할 필요가 있네'로, '요즘은 시간개념이 없어'라고 하면 '반드시 시간을 엄수해야겠네' 등으로 자신을 가다듬는 계기로 삼아보는 것이다.

물론 밑도 끝도 없는 잔소리는 무시하고 지나가는 것이 맞겠지만, 그 비난에 단순히 마음 상할 게 아니라 부족하거나 보완할 부분을 다듬어 나간다면 보다 나은 사회생활을 하게 될 것이다. 싫은 소리를 통해 자신의 삶을 개선할 방향을 찾는 것, 이것이 '꼰대 소리의 역설'을 활용하는 팁이 아닐까.

듣기 싫은 소리를 하는 사람에게
보너스를 듬뿍 주어라. 당신이 하는 투자 중에서
가장 현명한 투자가 될 수도 있다.

_로버트 맥매스

질문의
중요성

작심삼일을
타파하는 방법

'이렇게 사는 게 맞나?' 직장인들이 치열하게 회사 일을 마치고 퇴근하면서 가지는 의구심들이다. '소소하게 뜨개질이나 배워볼까', '요즘 테니스가 유행이라는데 연습장에 등록해볼까' 등 분위기 전환을 위해 나름 무언가 시도해 보려고 한다. 처음에는 의욕을 가지고 시작하지만, 중도 포기하는 경우가 대부분이라 연습장만 돈 벌게 해주거나 집안에 의미 없는 장비만 쌓이게 된다. 대부분 작심삼일에 그치는 것은 '나는 왜 이것을 하고자 하는가'에 대한 본질적 질문도 던져 보지 않고 무작정 시작하기 때문일 것이다.

이처럼 작심삼일을 극복하는 것은 인간의 본성(?)에 반하는 것이기에 쉬운 일이 아니다. 하지만 자신의 내면을 들여다보고 질문을 던져 보는 것이 도움이 될 수도 있다.

일단 '왜 ○○를 하고자 하는가' 하는 질문을 던져 보면 여러 가지 이유가 있을 수 있다. 남들이 좋다고 하니까, 회사일 하느라 생긴 울적한 마음을 달랠 수 있으니까 등의 이유를 생각해 볼 수 있다. 다음 단계로 '이것이 진짜 내게 필요할까' 하는 질문에 이어 다음은 '내게 가장 필요한 분야는 어떤 것일까' 하는 질문으로 이어질 수 있다. 이런 과정을 통해 현재 나에게 가장 필요하고 나에게 가장 도움이 되는 분야를 만날 수 있게 된다.

또 내게 진짜로 도움이 된다고 판단되는 분야를 선택했다면, 어떻게 해야 효율적으로 실행할 수 있을까 하는 질문을 던지게 될 수도 있다. 몇 단계의 질문을 통해 필요한 분야가 무엇인지 깨닫게 된다면 확연히 중도 포기하는 확률이 줄어들지 않을까. 자신에게 질문을 한다는 것은 무턱대고 하다가 그만두는 경우를 방지하고 작심삼일을 피하게 도와주는 방안이 될 수 있다.

자신이 선택한 분야를 실행하는 과정에서 '두려움 없는 질문'을 하는 것은 중요하다. 질문하기는 기존의 관성에서 벗어나는 첫 번째 단계라고 할 수 있다. 나름대로 질문을 던져 최적의 실행 방법을 구축했다고 생각했는데 가다 보니 '이렇게 하는 게 맞아?' 하는 의구심이 들게 되고, 이로써 또 다른 질문으로 이어지게 된다. 특정 멘토나 코치를 통해 방향성이나 수행 방법을 정하기도 하는데, 이 또한 멘토 등의 방법론에 대해 미진한 부분이나 궁금증이 생기기도 한다.

하지만 우리들 대부분 이러한 질문에 익숙하지 않은데 사회생활에서도 질문하는 걸 어려워한다. 아마도 어릴 때부터 자신도 모르게 학습되어 온 '괜히 질문했다가 창피만 당하는 거 아냐' 하고 남의 시선을 의식하는 것이 생활화되어 있기 때문일지도 모르겠다.

그럼에도 불구하고 어떤 분야를 실행하여 성공하려면 능동적으로 질문하고 경험하는 훈련을 병행해야만 한다. 그러면 당면하고 있는 어려움이 줄어들 수도 있을 것이다.

질문의 중요성에 대해서는 많은 언급이 있었다. 질문은 인생의 항로를 구축하고, 자신을 돌아보는 데 있어 중요한 역할을 한다. 또 하던 것을 멈추고자 머뭇거리는 자신을 일깨워주는 죽비의 역할을 하고 있지 않을까 싶다.

중요한 것은 질문을 멈추지 않는 것이다.
_아인슈타인

기본 매너의
준수

자리를 잡는
방법

MZ 세대에 대한 업무태도나 예의범절에 문제를 제기하는 기성세대가 많은 것이 사실이다. 요즘 젊은 세대들은 별도 통보도 없이 그날로 회사를 그만둔다거나, 칼퇴근에 사생활만 중요하게 생각한다는 것이 MZ 세대에 대한 지적사항들이다.

하지만 업무태도가 나쁜 것은 나이나 세대의 문제가 아닌 기본 태도나 예절이 없는 일부의 문제이지만, 전체 MZ 세대의 문제점으로 지적되고 있는 것이 현 상황이다.

그러면 사회에 들어온 지 얼마 안 되는 일부 젊은 세대들의 불성실한 업무태도는 왜 나타나고 부각이 될까? 사회 초년생들은 대부분

'너는 무엇이든 할 수 있고 될 수 있다'는 긍정적 응원과 배려를 받으면서 자랐다. 그런데 그들은 졸업과 동시에 예비 훈련 과정 없이 정글 같은 사회로 뛰어들게 된다. 정작 사회에서는 배려나 긍정보다는 책임과 의무만 던져주고 '알아서 헤쳐나가라' 하니 바로 멘탈 붕괴가 올 수밖에 없다. 그러다 보니 타인에게 피해가 갈 수 있다는 생각보다는 어서 빨리 현 상황에서 벗어나 자신을 지키겠다는 마음이 강해 상대가 이해가 안 되는 결정을 하게 되는 것은 아닐까.

인간관계는 기브 앤 테이크에 기반하는 것이 일반적이나 슬프게도 사회 초년생들에게는 이 관계가 잘 적용되지 않는다. 갓 들어온 신입에게 배려는 필수이지만, 직장 상사나 사장은 '네가 어떻게 하는지 좀 볼까?' 하면서 평가하려고 하는 것이 일반적이다. 이것을 견디지 못하고 '사회가 이렇게 썩었냐' 하고 주변을 방황하다 보면 자신의 역량을 향상할 기회를 잡지 못하는 것이 냉엄한 현실이다. 이러한 사회환경은 쉽게 바뀌지 않을 것이다.

따라서 사회 초년생들은 조금 손해 볼지라도 조금이나마 더 열심히 일하고 책임감 있는 자세를 보이도록 노력하는 것이 필요할 것 같다. 소위 '저 친구는 태도가 좋은데' 하는 이야기를 들을 수 있도록 말이다.

업무태도나 예의범절을 보는 것은 사람을 평가하기 위한 1차 관문이다. 주위에서 '이 사람이 쓸만하다' 하고 판단해야지 다음 단계로 넘어가 자원이 지원되고 권한이 부여된다.

사회 초년생은 기본 업무태도와 예절준수를 통해 자신의 역량을 키워나간다 생각하고 좌절하지 말고 인내하며 노력할 것을 권한다. 역량을 기른 후 일정한 위치에 오르게 되면 뒤따라 오는 세대에 어려운 시험이 아닌 따뜻한 배려의 무대를 제공해 줄 수 있을 테니까.

아무리 사소한 태도라도 평소에 무시해 버리면,
정말로 그 자세가 필요할 때는
엉뚱한 태도를 보이게 되는 것이다.
따라서 커피 한 잔을 마실 때도
평소에 매너를 익히도록 해야 한다.
_필립 체스터필드

좋은 태도
가지기

발전의 기회를
얻는 방법

단순히 회사 일만 해서 인생을 풍요롭게 할 수 있다는 생각은 구시대의 유물이 되고, 인생 이모작을 해야 성공할 수 있다는 사실이 현실이다. 그러다 보니 월급쟁이로는 재정 자립이 불가능하다고 판단, 자신의 사업에 도전하거나 노마드 직장인이 되어 전문가로 인정받으며 조직에 속하지 않는 삶을 사는 것이 일반화되고 있다.

이와 관련 직장이나 사회생활에서 좋은 태도를 지니는 것은 기본적으로 지녀야 할 인성이다. 자기발전을 위해 좋은 업무태도를 가지는 것은 회사 내 인정뿐만 아니라 자신의 역량을 쌓는 데도 중요한 포인트가 되기 때문이다.

우선 사회나 직장 일에 대해 적극적이고 책임감 있는 태도가 요구된다. 이렇게 말하면 '혹 무슨 도덕책에 나오는 이야기를 하는 거냐'며 비난할 수도 있다. 혹자는 '회사 일을 열심히 하면 뭐해? 회사만 좋은 일 시키지, 시키는 일만 하고 티 안 내고 조용히 사는 게 최선이다'며 적당히 하는 처세가 당연하다고 할 수도 있다.

하지만 이직을 하거나 다른 분야로 옮겨야 할 때 기존 부서에서 어영부영 일한 사람은 경쟁력 있는 업무능력이 없다 보니 인정받기가 힘들다. 그러다 보면 계속 업무에서 배제되고 갈 곳이 없어져 더 나쁜 조건에서 일하게 되는 경우가 허다하다.

직장에서 열심히 성실하게 일한다는 것은 절대로 조직에 충성하라는 것이 아니다. 업무 수행을 통해 본인의 역량을 키우는 기회로 삼으라는 것이다. 실전에서 부딪히는 것이 최고의 실습이고 역량 습득의 지름길이다. 직장에서 실력이 쌓였다고 판단되면 자신 있게 이직이나 창업 등 다음 단계로 나감에도 불안하지 않을 테니까.

사회생활에서는 또 비판하거나 지적하는 태도를 버리고 어떻게든 실행해 보겠다는 태도가 중요하다. 업무를 진행하다 보면 발생하는 문제에 대해 지적하고 비판하는 사람들이 많다. 지적하고 비판하는 유형의 사람들은 광범위한 지식과 통찰력이 있어 문제의 급소를 정확히 찾아내기도 하지만, 문제는 대안이 없이 비판만 한다는 것이다. 그들에게 그럼 당신의 대안은 무엇인가요? 하면 논의를 해봐야 한다거나 책임 있는 부서가 처리해야 한다면서 문제 해결에서 멀어지곤 한다. 10을 알아도 비판만 하고 실행하지 않는 사람보다는 1밖에 몰라도 그 1을 실행하고자 노력하는 사람이 더 나은 성과를 낸다. 바로 그런 사람이 주위에서 인정받는 것이 당연지사다.

이 외에도 좋은 태도가 중요한 이유는 많다. 일은 못하더라도 태도가 좋다면 그래도 이 사람은 발전 가능성이 있다며 같이 가려고 하는 반면, 아무리 일을 잘한다고 해도 태도가 좋지 않다면 점점 업무에서 배제되는 경우가 허다하기 때문이다.

사회생활에서 발전을 위한 좋은 태도를 지니는 것은 본인의 밝은 미래를 설계하는 데 있어 반드시 필요한 사항임을 다시금 강조하고 싶다.

> 인간은 마음 자세를 바꿈으로써
> 자신의 인생을 바꿀 수 있다.
> _윌리엄 제임스

모릅의
미학

자신의 위치를
파악하는 방법

　학교를 졸업하고 사회에 진출하여 자기 사업을 하든 직장에서 일하든 좌충우돌 고생하다 보면 훌쩍 3~4년이 흘러간다. 처음에는 맡은 업무에 당황하다가 경력이 조금 늘게 되면 '이제 좀 하네' 하는 평가를 듣게 된다.

　자신이 맡은 일에 어느 정도 경지에 오르게 되면 '해당 분야나 사회에서 나는 어떻게 평가를 받을까?' 하는 궁금증이 생기게 된다. 연봉을 비교해 보거나 기업의 규모 등을 통해 자신의 위치를 알아보려고 하지만, 결국 타인의 평가를 통해야만 자신의 위치를 알게 되고 깊이 생각할 기회가 생긴다.

그러려면 우선 일단 내 의견을 말하는 것보다 남의 의견을 많이 들어야 한다. 관련 분야에서 먼저 자리를 잡은 선배나 전문가의 의견을 듣고 자신을 점검하는 것이 좋다. 그런데 무작정 남의 의견을 듣게 되면 굳이 안 들어도 될 이야기까지 들어야 하는 시간 낭비가 생길 수도 있다. 이런 경우 '○○분야는 잘 모른다'라고 미리 이야기하면 의견 제시의 범위가 좁혀지고, 실제 내가 알지 못한 내용에 보다 자세하게 듣는 기회가 생기게 된다.

'모른다'는 질문을 통해 자신의 위치를 파악하는 것은 자신이 어떤 지위나 인정을 받는 위치에 올라 있는가를 확인하는 것이 아니다. 사람마다 자신만이 살아가는 길이 있을 텐데 자신이 알고 있던 것을 재점검하고 몰랐던 것을 깨닫게 되면서 '내가 어떻게 살고 있는가' 그리고 '어떤 상황에 놓여 있는가'를 한 번쯤 생각하는 기회를 가지는 것이다.

자신이 어떤 것을 모른다고 이야기하는 것은 쉽지 않다. 실제 모르는 분야에 직면했을 때 '나름 ○○분야에서 잔뼈가 굵었는데, 우여곡절이 있었지만 나름 잘해왔는데'라는 자기 위로를 하며, 모르는 내용이건만 '그거 해보았는데 잘 알아' 하고 말해버리곤 한다. 자신이 모른다는 사실을 인정해야지만 다음 단계로 나아갈 수 있지만, 자신이 모른다는 사실을 인정하지 않거나 자각하지 못하는 경우가 일반적이다.

왜일까? 모른다고 하면 무시당할 것 같고, 조금이라도 아는 체해야 남보다 우위에 설 수 있을 것 같다고 착각하기 때문이다.

일단 잘 안다고 하면 조언이나 피드백을 받을 기회가 사라지고, 결국 혼자 생각한 내용에 기반하여 업무를 수행하게 될 확률이 높다. 그러면 자신의 위치를 파악하기는커녕 자신만의 세계에 매몰되게 된다. 운이 좋아 자신만의 생각이 세상에 먹히면 문제가 없겠지만, 자신은 잘하고 있다고 생각해 왔는데 진짜 벽에 부딪혀 '내가 생각했던 위치나 수준이 아무것도 아니었구나'하는 순간이 오면 더는 올라갈 곳이 없게 된다는 사실을 명심해야 한다.

이성이 인간에게 요구하는 것은 무엇인가?
그것은 별것 아니다. 즉, 자기 자신의
본질에 따라 사는 것이다.
_세네카

치우침
없음

중용을
실천하는 방법

　　정치인이나 유명 연예인들이 사회적 물의를 일으켰다
는 기사가 나오면 지지자와 안티 간에는 살벌한 전투가 벌어지기 일
쑤다. 이때 일단 상황을 지켜보고 판단하자는 소수의 의견이 나타나
기는 하지만 금방 묻혀버리고 만다. 특히 정치에서는 여당이든 야당
이든 '무조건 우리가 옳고 상대가 틀리다'며 한쪽으로 치우쳐 지지하
는 경우가 많고, 이는 바로 상대방의 강한 공격을 불러오는 악순환으
로 작용하고 있다.

　　사회의 트렌드가 변해가면서 진리의 개념도 상대적으로 변하다
보니 어느 한쪽에 치우침 없이 상황을 파악하는 것이 중요하게 되었

다. 치우침이 없다는 것은 중용(中庸)의 개념으로 설명할 수 있을 것 같다. 중용이란 한쪽으로 치우치거나 기울어지지 않으며, 지나침도 미치지 못함도 없는 것(不偏不倚無過不及)을 일컫는다.

동양에서만이 아니라 서양에서도 중용의 지혜에 대해서 강조한 바 있다. 플라톤은 어디에서 그치는지를 알아 거기서 머무는 것을 인식하는 것이 최고의 지혜이며, 모든 가치의 양적 측정이 아닌 질적인 비교를 중용이라 했다. 아리스토텔레스는 마땅한 정도를 초과하거나 미달하는 것은 악덕이며, 그 중간을 찾는 것을 참다운 덕으로 파악하였다.

치우침 없는 중용을 실천해야 한다고 말하기는 쉽다. 공자도 '천하의 재산도 나누어 줄 수 있고, 벼슬과 녹봉도 사양할 수 있고, 시퍼런 칼날도 밟을 수 있지만, 중용은 불가능하다'며 중용의 어려움에 대해 설파한 적이 있다. 그렇기에 우리가 소위 말하는 '중용의 도'를 실천하기는 더욱 요원한 것 같다.

어느 한쪽으로 치우침 없는 자세를 견지하기 위해서는 어쩔 수 없이 삶의 태도를 바꿔 나가야 한다. 치우침 없는 삶의 태도는 '상대방의 입장에서 생각하기', '내 의견은 절대 진리가 아니다', '타인의 의견은 다른 것이지 틀린 게 아니다', '사건에 대한 원인이나 본질 파악해 보기' 등으로 이야기할 수 있을 것 같다. 써놓고 보니 일종의 도덕 책에 나오는 문구를 나열한 것 같지만 반드시 실천하고자 노력해야 할 것들이다.

우리는 중심을 잡지 못하고 그때그때 생각나는 대로 대응하다 보니 타인의 생각에 휘둘리거나 편협한 마음가짐을 가지게 된다. 아울러 '내가 생각하는 것이 항상 옳다'는 거만한 의도가 숨어있기에 어느 한쪽에 치우친 판단을 하고야 마는 것 같다. 모자라지도 넘치지도 않는 중도의 자세를 지키기는 너무 어려운 것이 현실이다. 하지만 꾸준히 중간자적 태도를 견지하고자 노력한다면 명확한 방향과 정답을 얻을 수 있을 것이다.

중용을 지켜라. 선과 악에 대한 판단은
모두 일시적인 변덕에 따라 좌우된다.

_발타자르 그라시안

단순하고
간단하게

확실한 수단을
확보하는 방법

사회생활을 하다 보면 '뭐가 이렇게 복잡해'라고 비명을 지를 때가 있다. 작게는 회사의 엑셀 수식부터 크게는 대한민국의 정치 사회 문제까지, 우리 사회가 너무 복잡하고 빠르게 돌아가 뭐가 뭔지 모를 정도로 난해하기 때문이다.

인상 깊게 읽은 책 중에 《파수꾼의 호루라기(Watch man's rattle)》가 있다. 이 책에는 옛날 마야 제국이나 로마 제국이 멸망한 원인에 대해 분석한 내용이 있다. 이는 국가가 발전하고 사회현상도 이에 비례하여 매우 복잡해졌음에도 불구하고, 당시 제도로는 이를 감당하기 어려워 이들 제국 또한 서서히 무너지게 되었다는 것이다.

다른 예로, 미국의 초기 법전은 30장 분량뿐이었지만 현대사회로 들어서면서 법전의 내용과 분량은 끝을 알 수 없을 정도로 확장되고 있다. 그러다 보니 각 법이 도대체 무엇을 의미하는지 알 수 없게 되었고, 그 복잡함이 오히려 사회 문제를 발생시켰다는 내용도 있다.

우리는 당면하고 있는 업무나 공부 외에도 잡다한 일에도 신경 써야 하는 것이 현실이다. 하나의 목표를 세우고 이를 향해 달려가기만 해도 시간이 모자랄 것 같은데, 현실은 오만가지 일에 신경을 쓰고 살아야만 한다.

우선 남들에게 뒤처지지 않기 위해 최신 폰을 가져야 하고, 유행하는 패션 스타일도 따라 해야 하며, 핫한 음식점에도 가야 하고, IT 지식도 보유해야 한다. 이런 다양한 활동을 통해 시류에 처지지 않다는 것을 증명하고, 남들보다 우월하다는 것을 인정받으려 한다.

또 자신의 사회적 위치 등을 과시하기 위해 내용은 듣기 좋으나 실제로는 적용할 수 없는 미사여구만 나열한다든지, 본질에 단순하게 접근해야 하는데 피상적인 문제에 집중한 나머지 변죽만 울리다가 문제해결에 실패하고 마는 경우들이 대다수다.

우리는 복잡한 상황에서 잠시 벗어나 숨 고르기를 할 필요가 있다. 자신의 진짜 목표가 무엇인지 생각해 본다면 현재 열광하고 있고, 시간을 투자하고 있는 것들이 꼭 필요한 일인지, 아니면 불필요한 것인지를 판단할 수 있을 것이다. 물론 세상을 살면서 가끔은 딴생각이나 일종의 일탈도 할 수 있겠지만, 한 번쯤 냉정하게 해야 할 일과 안 해도 될 일을 구분해 보는 것이 꼭 필요하지 않을까 싶다.

스티브 잡스의 경영 원칙에 '심플 스틱(Simple Stick)'이란 개념이 있다. 이것은 그가 어수선한 행위를 하는 직원에 대해 냉정하게 내리는 평가를 말한다. 불필요한 사람이 회의에 참석했을 때, 제품의 기능이나 디자인이 복잡할 때, 알맹이가 없는 프레젠테이션 때는 어김없이 '심플 스틱'이 제시했다고 한다. 잡스가 단순함을 무기로 성공을 거둔 것처럼 우리들 삶에서도 '단순하게 하라 (Make it simple)'를 모토로 자신에게 불필요한 것들을 하나씩 버려 가다 보면, 자신의 꿈을 이루는 단순하지만 확실한 수단을 확보하게 될 것이다.

> 모든 것은 더 단순하게 할 수 없을 만큼 가능한 한 단순하게 해야 한다.
> _아인슈타인

찬찬히
접근하기

문제를 해결하는
방법

예전에 동사무소에서 주관하는 어르신 대상 컴퓨터 교육 수업에 참관할 기회가 있었다. EXCEL 등 OA 과정을 교육하는 프로그램으로 강사가 기본적인 프로그램 구동법을 설명해주면 어르신들이 실습하는 과정이었다. 아무래도 어르신들에게 익숙지 않은 프로그램이다 보니 여기저기서 '이거 안 되는데요?' 하고 강사를 호출하는 경우가 부지기수였고, 아예 모르겠다며 넘어가는 분들도 계셨다.

이런 혼란 속에서도 느리지만 OA 프로그램을 실행하는 몇 안 되는 어르신들이었다. '오~ 이분들 대단하시네' 하면서 유심히 행동을 관찰해 보니 한곳에서 막혔다고 당황하지 않고 찬찬히 살펴보고는 틀린 부분을 찾아 이를 다시금 실행하고 있었다.

이와 비슷한 일들이 사회생활에서도 많이 목격되는 것 같다. 회사에서 새로운 업무를 맡게 되면 일단 전임자로부터 "메일 보내드렸고요. 메일에 인수인계할 내용이 모두 담겨 있습니다"라는 어처구니없는 메일이 날아오게 된다. 일단 메일을 보기는 하지만, 원래 전임자로부터의 인수인계 내용은 부실하기 마련이기에 '이걸 어쩌란 말이냐' 하고 절망하는 경우가 부지기수다.

이 와중에도 부실한 인수인계 내용을 차분히 살펴본 후 새로운 업무에 빠르게 적응하는 이들도 있기 마련이다. 업무를 금방 파악하면서 빠른 성과를 내는 경우도 '문제를 살펴보고 적용 부분을 찾아낸 후 이를 수정, 보완하여 해결해 나가는 모습이 목격된다.

새로운 것을 배우거나 실행하는 경우 익숙하지 않은 것이 당연하다. 그러나 업무나 실행 능력을 향상하는 데 있어서 한번 보고 포기하거나 주야장천 문의하는 것보다 직면한 사안에 대해 세밀하게 접근하는 능력을 기르는 것이 중요할 것 같다.

예를 들어, 문제를 해결하기 위해 A라는 단서를 가지고 접근하다 막히면 여기서 멈추는 것이 아니라 B라는 단서를 찾아내고, 이 B를 가지고 추진하다 또다시 막히면 다시 다른 단서들을 찾아 나가는 식이다. 이러한 과정을 거듭하다 보면 결국 해결책을 찾을 수 있다.

이러한 업무 진행은 말은 쉬우나 익숙해지기는 매우 힘든 과정임을 인정한다. 문제에 천천히 그리고 세밀하게 접근하여 하나씩 실마리를 찾아 지식을 쌓아 간다면, 이 단편적 지식이 모여 목표로 하는 문제를 해결할 수 있는 기반이 되지 않을까.

우리가 새로운 것을 만났을 때 언제까지 '모르겠는데요', '이거 어떻게 하는지 가르쳐 주세요'라는 주문을 되뇌어야 할까? 운이 좋아서 친절하게 가르쳐 주는 상사나 지인을 만날 수도 있겠지만, 현실은 '네가 알아서 해라'는 각자도생의 환경이 도처에 널려 있다.

새로운 업무나 일을 맡았을 때 '뭐가 뭔지 도통 모르겠어' 하고 방황하기보다는 세밀한 접근을 통해 이리저리 방향을 찾는 것이 필요하다. 그러다 보면 본인도 모르는 사이에 처음 만나게 되는 다양한 일들을 당황하지 않고 처리할 수 있는 역량이 쌓이지 않을까.

> 한 가지에 조심스럽게 집중할 수 있는 능력은
> 천재성보다 더 뛰어난 능력이다.
> _작자 미상

비판보다는
행동

개인의 삶을
개선하는 방법

요즘 들어 언론이나 인터넷 댓글 등을 보면 사회에 대한 분노, 전후 사정 따지지 않는 무조건적 비판이나 신상털기가 난무하고 있다. 사회적으로는 불황으로 인한 높은 실업률에 대한 비판, 정치판에서는 상대 정당을 향한 무조건적 비판, 일상생활에서는 특정인에 대한 끊임없는 신상털기 등 이기주의 및 몰상식을 동반한 비난과 비판이 일상화된 현상을 목도하고 있는 것이다.

원래 비판이라는 것은 어떤 잘못을 개선하거나 보완하려는 목적에서 이루어져야 하는데 비판을 위한 비판, 비난을 위한 비난을 하는 경우가 다반사다.

물론 건전한 비판은 사회를 긍정적으로 변화시키는 초석이 된다는 것은 틀림없는 사실이다. 하지만 일단 비판하기 전에 일어나고 있는 상황에 대해 냉정하게 분석하고, '나라면 이 순간 어떻게 행동할 것인가'를 먼저 생각해 보는 것은 어떨까? 비판을 통해 논쟁에서 이겼다는 일시적 쾌감은 얻을 수 있겠지만, 이것이 내 삶에 그다지 보탬이 되는지는 잘 모르겠다.

어지러운 사회 상황, 경제 현실 등에 대해 신랄하게 비판하고 삿대질한다고 해서 상황이 변하거나 나아지지 않는다는 것은 잘 알고 있을 것이다. 우리가 처한 이 상황을 타개하기 위해서는 비판은 잠시 미루고 냉정하게 '지금 내가 개선할 수 있는 일, 내가 처한 상황을 변화시킬 수 있는 방향'을 먼저 찾아 나감이 더 바람직할 것이다. 사회의 거대한 흐름을 바꿀 수는 없겠지만, 나 한 사람이라도 비판보다는 무언가 개선을 위한 행동을 실천한다면 내 삶의 그릇은 그만큼 채워지기 마련이다.

어떤 문제에 대해 비판은 누구든 할 수 있겠지만, 비판은 하되 대응 방향을 정하고 개선해 나가는 것은 아무나 할 수 있는 일은 아니다. 비판하면서도 이에 대한 대안이 준비되지 않는다면, 아무리 멋진 비판과 논평이라 할지라도 돌아오는 결과는 공허한 메아리에 불과

할 뿐이다.

행동하지 않고 비판한다는 것은 자신에게 쓸 에너지를 낭비하는 결과를 초래하기도 하는 만큼 절대적으로 금해야 할 행동임이 분명하다. 어렵고 힘든 시기일수록 비판이나 논쟁보다는 '어떻게 행동하고 움직일 것인가'가 보다 우선되고 절실하다고 하겠다.

너무 많은 논쟁을 하면 진실이 달아난다.
_외국 속담

꺾이지 않는 마음

© 정석원, 2024

초판 1쇄 발행 2024년 7월 22일

지은이 정석원
펴낸이 이경희

발행 글로세움
출판등록 제318-2003-00064호(2003.7.2)

주소 서울시 구로구 경인로 445(고척동)
전화 02-323-3694
팩스 070-8620-0740
메일 editor@gloseum.com
홈페이지 www.gloseum.com

ISBN 979-11-93938-00-3 13320

• 잘못된 책은 구입하신 서점이나 본사로 연락하시면 바꿔 드립니다.